起業家

目次

プロローグ

2008年3月18日のブログ「起業家10周年」より抜粋——


《今日で10年経ちました。

会社は毎年9月の決算に向けて全力を尽くしているけど、何周年とかを目指している訳ではない。

でも、起業家藤田晋としての10周年は少しは意味があるかも知れません。

1998年、24歳の時に希望を胸にゼロから会社をスタート。

三軒茶屋の1ルームの部屋には寝るだけのために帰り、それ以外は全部仕事につぎ込んでいた。

人生を賭けてやっているつもりでした。

それでも取引先には足元を見られて。同僚や知り合いには鼻で笑われて。

銀行には客として扱ってもらえなかった。

同業者には無法者扱いされて。内定を出した人材には蹴られ。期待していた社員に見限られ辞められたこともあった。

不利な取引条件を飲まされて悔しかったこと。未熟なベンチャーだからできなかったこと。年齢が若いから信用してもらえなかったこと。知らないから騙されそうになったことも何度もあって。

不安と焦りで眠れない夜もあった。

責任の大きさに気づかされて、プレッシャーに押しつぶされそうになった。

金のためにやっている訳ではないのに、金を批判され。名声名誉のためでもないのに、陰口を叩かれて。前に進もうとするととられるあげ足。成功するたびに増えていく妬みや嫉妬。少しの本当を混ぜながら嘘をつかれたり、全くの出鱈目の噂話も、今ではもう慣れました。

今だから笑える話も、当時はただもどかしくて、悔しくて、見返したくて、いつか全員黙らせたくて。

サイバーエージェント今日で10年。

従業員数1600名強、売上高は760億円の会社になりました。
昔、口に出しても信じてもらえなかったことを、次々に実現してきた。

根も葉もない噂話は風化していき、実績で黙らせたいと思っていたことすら思い出せず、
怒りや悔しさは時間とともに消えてなくなりました。

起業家として、金や名誉なら自分はもう充分得ていると思う。
今日のLiveでILL-BOSSTINOが何度も繰り返し言っていた、
『孤独、憂鬱、怒り、それを3つ足してもはるかに上回る希望』
それこそが起業家には必要。
これからまた希望を持たなくては。

アメーバは日本を代表するメディアにしてみせる。
世界に通用するサービスを産み出してみせる。
世界的な成功を収める会社になってみせる。

無理な理由なら、今はいろいろ言えるだろう。

でも起業家なのでそんなの慣れています。


自分の年齢は今年で35歳。

社長業は疲れるけど、守りに入るような年齢ではない。

同世代の起業家の多くが途中でいなくなりました。

無理な時に勝負をかけて失敗したり、不正に手を染めてしまったり、誘惑に負けてしまったり。


自分は同世代の起業家のトップランナーと自負しています。

だからこれからも走り続けなければならない。

途中で退場した友人の起業家のためにも。

次の世代の起業家のためにも。


キャリア10年、上場社長歴も8年。

これからも起業家として背筋を伸ばし、新たな市場を勇気と気合を持って開拓していきたいと思います。

株主の皆様、お取引先の皆様、アメーバユーザーの皆様、サイバーエージェントを応援してくれている皆様、皆様のお陰で10年やってこれました。支えて頂きありがとうございます。そしてサイバーエージェント社員の皆さん、我々の会社は社長がすごいのではなく、優秀な社員が一生懸命働いていることがすごいのです。本当に感謝しています。いつもありがとう！

「21世紀を代表する会社を創る」

よし、また頑張ろう》

第1章　暗闇の中で

1

2001年秋。

ネットバブルの崩壊から1年半が過ぎようとしていました。

バブル崩壊で、上場していたネット企業を襲った急激な株価の下落も、すっかり下値圏で定着していました。投資家のネット企業に対する態度は〝怒り〟から〝無関心〟へと移り変わりつつありました。

名だたる大企業からネット業界に転職してきた人材の多くも、次々と元の世界に戻っていき、一攫千金《いっかく》のストックオプションに期待する人もいなくなりました。一時的に盛り上がったネット業界への就職人気も、すっかり下火になっていました。

ネットバブル真っ只中に会社を興した多くの起業家たちは、業績悪化や資金繰りに追われ、皆一様に苦しんでいるように見えました。

生き残った会社で働く社員たちは、暗い雰囲気が業界全体を覆う中、いつも厳しい表情を浮かべながら、

「目の前の仕事をただ一生懸命やるしかない。他に一体何があるんだ？」

そんなふうに言っている印象でした。

サイバーエージェントも同様でした。2000年3月24日、ネットバブルの真っ只中に華々しく株式市場に上場を果たしたものの、その直後に訪れたネットバブル崩壊の憂き目に遭い、その後はずっと株価は低迷していました。

その頃の社内にはギスギスした空気が流れ、定期的に行われる事業責任者が集まる会議では、お互いに罵り責め合う……そんな光景がよくありました。

株価が暴落した犯人であるかのように世の中から会社が叩かれていたのを、まるでそのまま社内に持ち込んでいるような感じになってしまっていたのです。

こうなってしまった原因を誰かに擦《なす》り付けて、お互いに不信感を募らせていく。当時は社内もお互いを信用していないし、私から見ても、いつ誰が会社を裏切ってやめてしまうか分からない、そんな猜疑心に満ちた雰囲気でした。

社内の雰囲気を好転させなくてはいけない。

士気を高めなければいけない。

そうは分かっていながらも、当時の私は、どうすることもできずにいました。

まだ20代だった私は、経営者として未熟すぎて、逆境に対処する術《すべ》を持ち合わせていなかったのです。

そして、それに加えて、会社は深刻な事態に巻き込まれていました。サイバーエージェントは買収の危機に晒《さら》されていたのです。私は、そこからなんとか脱出するために、自分の全精力をつぎ込んでいました。

2001年5月。28歳の誕生日を迎えた月でした。

株価低迷に喘《あえ》ぐサイバーエージェントは、存亡の危機を迎えていました。

当時、M&Aコンサルティングの社長を務めていた村上世彰《よしあき》氏がサイバーエージェントの株を市場で10%程度買い占めていたのです。

モノ言う株主がついに日本にも登場したということで、いつもマスコミから注目を集めていた、通称「村上ファンド」を率いる方です。

村上氏は、サイバーエージェントの第4位の大株主になっていました。そして村上氏から、「サイバーエージェントが上場時に調達した225億円を、一度株主に返したらどうでしょう。つまり一度会社を清算してやり直したらどうか、ということです」

と通達されたのです。

そこからは、悪夢のような数か月でした。

その頃、サイバーエージェントが保有している現金よりも市場の株価が低かったために、現金目当てで買収し、赤字事業を整理すれば巨額の利益が出るような状況にあったのです。

赤字の事業のほとんどは「メディア事業」でした。後で詳しく述べますが、この事業群は、私にとって、サイバーエージェントの将来を担うために先行投資していた重要な事業でした。

しかし、この初夏から秋までの期間、私の持つ潜在株式の契約上の問題と、村上氏のアドバイスに従って自分の株を社員に配ったことで、私の株式保有比率は下がっていました。気がつけば、どこかの大株主がその気になれば、サイバーエージェントを子会社化することが可能だったのです。

私は大株主と株式保有比率を巡る交渉をぎりぎりまで続け、調整に全力を注ぎ続けました。また同時にあちこちからくる買収の話にも粘り強く交渉していました。

買収ゲームから会社をなんとしても守らなければならない。そう私は決意し、可能な限りの努力も我慢も、何でもしていたつもりでした。

それでも突破口が見いだせずにいました。そして最後にとうとう絶望し、会社を手放す覚悟を決めました……。そんな時、救いの手を差し伸べてくれたのが、楽天の三木谷浩史社長でした。

楽天もネットバブル崩壊の影響でご多分に洩れず株価低迷に喘いでいました。そのような状況にもかかわらず、ある人からの紹介を頼りに楽天のオフィスを訪ねた私に、三木谷社長はその場で、10億円を投資してサイバーエージェント株の10%を買い取ることを約束してくれました。誰もが苦しんでいたその当時、10億円もの金を出せる会社はほとんど皆無に近かったのです。

三木谷社長に助けてもらうような形で、私はぎりぎりのところで危機を乗り越えました。その後、上場前に取得したワラント（株を購入できる権利）を行使して、現在も私が筆頭株主になっています。

こうしてサイバーエージェント最大の危機は、大きなニュースになることもなく、静かに去っていきました。

8年前にこの一連の買収騒動のことを『渋谷ではたらく社長の告白』という本に、自分で全て書きました。この本が発売されるまで、サイバーエージェントの社員も、そんな危機が自分たちの会社に訪れていた事実を全く知らなかったのです。

買収の危機が過ぎ去って、その1か月後。

ネットバブルの頃は、多くのネットベンチャーが集まることで注目された渋谷の街の一角で、「和解の会」と称した食事会が開かれました。

出席したメンバーは、村上世彰さん、熊谷正寿《まさとし》社長（GMOインターネット代表取締役会長兼社長）、宇野康秀社長（USENグループ会長）、三木谷浩史社長（楽天代表取締役会長兼社長）、そして私の代理人を務めてくれた井上智治先生（井上ビジネスコンサルタンツ代表取締役）、それと私の6名。

サイバーエージェントの買収騒動は、村上さんが仕掛け人のような形で始まったのですが、その和解をしようという趣旨で村上さんが呼びかけたことで行われた会でした。

振り返ってみると、その騒動に関わった人たちのほとんどが、同じような志を持って起業した若い経営者。つまり、オールドエコノミーに対抗するニューエコノミー企業を引っ張る人たちだったのです。元来は親しくするべき同じ系統の人たちでした。

実際、買収騒動の時には敵対的な関係にあった村上さんや熊谷さんとも、その後、個人的にずっと親しくしています。

買収先候補だった熊谷さんとは、仕事でもプライベートでも親しくさせてもらっていて、最も懇意にしている経営者の一人だと思います。

そんな間柄だったので、その後の関係を配慮した村上さんから、

「一度、みんなで集まって仕切り直ししませんか」

というお誘いを受けたのです。

場所も村上さんが設定してくれました。

会場は2001年5月にオープンし、話題を集めていた渋谷のセルリアンタワー東急ホテルの地下2階、能楽堂が見渡せる一日一組しか予約を取らないお座敷でした。

サイバーエージェントが買収され、歴史の表舞台から消える事態を首の皮一枚のところでぎりぎり回避できた私は、その買収騒動の関係者が一堂に会した食事会では一応主役という立場でした。

しかしながら、参加メンバーを考えた場合、私が最も年下で実業のキャリアもありません。私は、最初に店に行って皆を待っていようと考え、会の当日、約束の時間よりもかなり前に店に到着しました。

それでも百戦錬磨の経営者たちは違いました。私が着いてお座敷に通されると、

「さあ、藤田君が来たから始めようか」

他の皆さんは全員すっかり座敷に揃っていて、上座の真ん中の席がぽっかり空いていたのです。

主導権を握られたような形で会食は始まりました。

もちろん、飛び交う会話は和やかでした。しかし、能の舞台そっちのけで盛り上がる経営者たちの会話に、正直なところ、私はほとんどついていけませんでした。ただぼんやりと皆の顔を交互に眺め、その話に耳を傾け頷《うなず》く。私の隣に用心棒よろしく座った井上先生が、通訳のように登場人物の名前や資本市場の専門用語が分からない私の代わりに話してくれている、そんな感じでした。

彼らは、きわめて酷いビジネス環境になっているにもかかわらず、「これからさらに会社をどう伸ばしていくのか」「どう稼いでいくつもりなのか」といったビジネスの話を、精力的に語り合っていました。

26歳の時、「史上最年少上場社長」などと私はもてはやされていたことがあります。しかし、当時はまだ上場企業の社長という役柄に中身が全く伴っていませんでした。経験も知識も不足していて、そこでの先輩経営者の会話は自分とは全くレベルが違う感じで、きちんと理解できていなかったのです。

それ以上に、語られている内容が、自分が置かれている状況とあまりに違っていることにも打ちのめされていました。

かろうじて生き残った自分の会社はまだまだ小さく、株価は低迷し、社内は混乱し、なんとか抜け出そうと必死に足掻《あが》いている自分と比べて、この人たちは全然違う……。目の前で経営者としての格の違いを見せつけられた気がしました。

当時の私は28歳。買収騒動の一連の経緯の中で、海千山千の交渉力を兼ね備えた、一回り上の世代の経営者たちを前にして、無力な自分と絶望的なほどの距離を感じていました。

それでも、熊谷社長、宇野社長、三木谷社長は自分より10歳くらい年上だから、

(10年以内に必ず追いついてみせる……)

そう心の中で意地を張っていました。正直、それが精いっぱいでした。

2

買収を免れてしばらく経った頃、初の中長期計画を作成することにしました。

その頃の私は、投資家の前で、

「我が社はメディア企業を目指しています。現在は将来への先行投資をしているため赤字なのです」

という説明をしていました。

そんな私の説明に対して、子どもの経営者に諭し教えるように、多くの投資家はこう言いました。

「会社を成長させるための赤字というのは理解できます。でもいつまでが投資期間なのですか？」

「腰を据えてやるというけれど、中長期計画もないのですか？」

「投資して赤字にするのだったら、長期的にはどうなるのか、示すべきではないですか？」

そんな言葉をどこへ行っても投げつけられていたのです。


当時ネットビジネスはまだ生まれたばかりでした。

誰にとっても将来は未知の世界で、期待と不安が入り混じりながら、商売としてそもそも〝アリ〟なのか〝ナシ〟なのか自体が、議論されているような状態でした。今後どのように成長し、どんな姿になっていくのか、世界中の誰もが正確に将来を見通すことは不可能だったのです。

もちろん私も、正直言ってこれからネット業界がどうなっていくのか確たる自信はありませんでした。ですが、何か確固としたものを、我々の揺るぎない信念となるような将来像を持っていなければネット業界で生き残ることはできない。

（激しい変化の中だからこそ、自分たちの軸を持つことが大事なんだ……）

分からないなりにも、そのことだけは、はっきり分かっていました。

さまざまな批判に耐え、信念を貫き、長期的な投資を成功させる……それが精神的にとんでもなくきついことだというのは、肌で分かっていました。ネットバブルの崩壊時に経験済みだったからです。

それでも前に進むしかない。

四半期ごとの決算で、目の前の株価の高下に右往左往するようなことは、もうしたくない。

「短期的な評価に振り回されず、腰を据えて経営しよう」

そんな意図を込めて決めた初の中長期計画の3年後の目標は、

〈2004年　売上高300億円、営業利益30億円〉

というものでした。

直近の業績は16億円もの大赤字。売上も2004年目標の10分の1、たった32億円しかなかったことを考えると無謀と思われても仕方がない数字でした。現に、これを発表した時の株式市場の反応は、批判というよりも、むしろ無視、スルーされたといったほうがいい状態でした。

中長期計画にこの数字を出したことに、何か大きな根拠があったわけではありません。むしろこのくらいはやらないと辻褄が合わないという気持ちが私の中にあったからでした。それでも、自分としてはそれなりの覚悟を決めて発表したつもりだったのです。

それには大きく分けて二つの理由がありました。

一つは、サイバーエージェントはネットバブルの絶頂期、2000年3月に上場した時に225億円もの資金調達をしています。その時のロードショー（投資家訪問）で、ある投資家に言われました。

「営業利益率10％はほしいね」

その言葉がずっと脳裏から離れず、この中長期計画の数字に影響した要因の一つになっています。

サイバーエージェントは期待先行で大変高い株価で上場しています。でも、

「結果的に、高い株価で上場したのは正しかった」

そう言ってもらうためには、結果で証明してみせるしかない。そのために、後付けのように、調達できた資金から逆算した利益を目標の目安にしたのです。

そしてもう一つの大きな要因。

当時売上を構成していた広告代理事業だけでは、どう頑張っても営業利益率5％までしか見込めませんでした。広告代理事業だけでは達成不可能な営業利益率10％にした理由は、3年後までに必ず利益率の高い「メディア事業」を成功させるという想いがあったからです。

ネットバブルの時代、サイバーエージェントが上場した頃にはインターネットを使って行われるビジネス全般に対して強い期待が寄せられていました。どんなビジネスモデルでも、ネットに関係していれば株価が高騰していたのです。

市場自体が成長していくことは疑いようもないので、投資家に対して景気よく明るい未来を語るのは簡単でした。

しかし、膨らみ過ぎた投資家の期待に本当の意味で応えられるビジネスモデルは限られていることを、私は知っていました。

上場した際に、サイバーエージェントに高い株価がついた背景には、ネット企業が「収穫《しゅうかく》逓増型《ていぞうがた》ビジネスモデル」と考えられていたことがあります。

収穫逓増型ビジネスモデルとは、一度損益分岐点を超えてしまえば、それからはコストが増えないため、伸びた売上のほとんど全部が利益になるというビジネスモデルです。

さまざまな誤解が交錯していた時代ではありますが、請負のウェブサイト制作事業や、当時サイバーエージェントの売上の多くを占めていた広告代理事業の代理店手数料による商売では、ネット企業の最大の特長である収穫逓増型になりません。

それは経営者である自分が一番よく分かっていました。

つまり、売上を積み重ねていっても、同時にコストも増加し、二次関数のような放物線を描かないビジネスだったのです。


では何が収穫逓増型モデルなのか――。

当時、国内でもその収益力の凄まじさを決算発表ごとに身を以て証明していたネット企業がありました。ヤフージャパンです。収穫逓増型モデルを実現していたヤフーの脅威的な営業利益率は50％に達していました。

ヤフーやGoogle、楽天などは超高収益企業です。その事業体は少し大きな括りで言えば、インターネットの「メディア事業」といえます。

ここで簡単に、私の言うインターネットのメディア事業について定義しておきたいと思います。

メディアというと、多くの方がテレビや新聞、雑誌などを思い浮かべると思います。たとえばテレビの場合、一番重要視されるのが視聴率です。視聴率が伸びればそれだけ多くの人が番組を観たと考えられ、広告収入が増加します。

新聞や雑誌の場合に重要視されるのは部数でしょう。部数が伸びれば、購読料や広告収入が増加するわけです。

ものすごく単純に言えば、〈たくさんの人が見てくれれば売上が伸びる〉、そんなビジネスなのです。

テレビにおける視聴率や新聞における部数と、同様な指数がインターネットにもあります。それがページビューです。インターネット企業の場合、巨大なページビューを持ったサイトを保有していれば、広告収入やユーザーに対する課金が飛躍的に増加します。

これはテレビや新聞などのビジネスの収益構造と基本的には同じであり、このようなビジネスモデルをメディア事業と呼んでいるのです。

インターネットの場合、事業を拡大させるための基地局や紙の印刷物や物流網は必要なく、コンテンツの制作コストも極めて安価な一方、視聴者はネットに接続できる環境さえあれば、あっという間に広がっていくため、超高収益な収穫逓増型モデルとして注目されていたのです。

またメディア事業で力を持つことは、ネット業界の中でのパワーバランスにも強く影響しました。

ページビュー数の多さが、そのままネット業界での力関係に影響します。強いメディアに広告取引を打ち切られたり、サービスへのリンクを外されたりすれば、ネット業界で商売していくことが困難になるからです。

そのような経験が、起業したての頃の我々にも何度かありました。いくら無理難題を言われても我慢し、足元を見られて不利な取引を提示されても、泣く泣くそれを呑んだこともありました。

理不尽な取引条件を断ることができず、不利な条件を自ら補塡した金額がそのまま初期のサイバーエージェントの赤字になった時期もありました。

それでも取引を打ち切られたら私たちはおしまいだ。そんなところまで追い詰められたこともあったのです。

こんな悔しい思いはもうしたくない。

でも、そんな気持ちだけではありません。

ネット業界で大きくなっていくためには、何よりも強いメディアを持つことが必要不可欠な条件だったのです。

もちろんサイバーエージェントもメディア事業に参入はしていました。しかし、「サイバークリック」や「メルマ」など、複数の事業を立ち上げたものの、自社の収益の柱となるような決定打にはなりませんでした。複数の小ぶりな事業をそれぞれのブランドで展開していた、そんな状態だったのです。

代表的なブランドを持っていないということは、一つ一つの小さいメディアが頑張ってもその足し算にしかなりません。ブランド力でシナジー効果を生み出し掛け算で会社を成長させるために、我々には代表的なブランドのメディアが必要でした。

広告代理事業の粗利益率は15％程度です。いくら経営努力をしても営業利益率は５％程度までにしかならないのは、前述した通りです。

営業利益率10％という中長期目標〈売上高３００億円、営業利益30億円〉に掲げた数字は、広告代理事業だけでなく、「代表的なメディアビジネスを立ち上げるぞ」という、まさにサイバーエージェントの中長期の経営メッセージだったのです。

3

なぜメディア事業が必要なのか？

私にはメディア事業に対して根深いトラウマがありました。それは大学時代にまで遡ります。

当時私がアルバイトをしていたベンチャー企業の若い経営陣は、皆がリクルートの出身でトップ営業マンだったと聞いていました。私は、そんな優秀な人たちと一緒に働けることが誇らしくもありました。

しかしながら、まだ起業したばかりで日銭を稼ぐことで精いっぱいだった彼らは、せっかく独立したにもかかわらず、出身母体であるリクルートのメディアを販売する代理店もやっていました。つまり独立前と同じ仕事です。

ある日、ＦＡＸでリクルート本社から送られてきた「代理店ランキング速報」を見た社長が、

「見ろ！　うちが1位だぞ」

と言って喜んでいました。

（それなら辞めずにリクルートで働いていても同じことではないのか……）
（これで起業したと言えるのだろうか）

その姿を見て、寂しい気持ちになったのを憶えています。わずかなマージンのために他社の商品を代理販売していても、継続的に明日の飯の種が保証されるわけではありません。

そんな日々が続くような経営が大変辛《つら》いものだということを、2年半アルバイトでお世話になったベンチャー企業の経営を間近で見ることで教えてもらいました。

当時はその会社も、いろんなものを代理販売しつつもその場しのぎ的な経営から脱却したくて、必死に足掻いている最中だったのです。

そんな原体験を持って起業したにもかかわらず、やはり私もサイバーエージェントをスタートする時、その会社と同じような方法をとりました。

当時24歳だった私は、それまで営業の仕事しか経験がなく、資金もわずかしかありませんでした。メディア事業の立ち上げに資金を投じている余裕はなかったのです。

仕方なく、まずはさまざまな商材の営業代行をしながら会社経営の目鼻をつけて、なるべく早い段階で主力事業（メディア）に持っていこうと考えました。

できるだけ早く自社の事業を見つけてシフトしようと固く心に誓っていた私は、起業からわずか半年で自社の主力商品となるメディア事業「サイバークリック」と出会い、営業代理事業を全て止めてしまい、これ一本に絞り込みました。

この「サイバークリック」の開発を巡っては、社内での内製化を考えていたものの、なかなかうまくいかず、結果的には開発を外部に相談することになります。

その相談した外部というのが、のちにライブドアと社名を変えて世間を騒がすことになる、オン・ザ・エッヂの堀江貴文さんでした。

この企画でオン・ザ・エッヂと業務提携したことを契機に堀江さんと私は親交を深め、そして他社ではありますが、良きパートナーとして、同世代のライバルとして、長いつきあいになっていくのです。

そしてこの事業の成功によって、サイバーエージェントはわずか2年で上場を果たしました。

だから正確には、2000年に上場した時のサイバーエージェントは広告代理店ではなくて、メディア企業だったのです。

しかし、大規模な資金調達をした以上、

「早く売上規模を拡大しなければならない」

「早く黒字化させなければならない」

という市場からの強烈なプレッシャーもあって、今度は、成果が上がるまで長い年月のかかるメディアビジネスを育てる時間的な余裕がなくなりました。

私は上場直後から、再び、すぐに成果を上げやすい広告代理事業のほうを強化していきました。営業の人数を増やして、営業体制を強化していけば比較的早く数字を挙げることができるからです。

広告代理事業の売上数字はどんどん伸びていきました。

メディア企業を目指していたにもかかわらず、外部からの厳しい風圧を回避するために正反対のことをしていたのです。

そしてこの遅れを取り戻すために、その後非常に多くの代償をはらうことになりました。

短期的には仕方ないことだったかも知れません。

でも、中長期的にはメディア事業にビジネスモデルを転換していかなければ、自分が思い描いたような「21世紀を代表する会社」にならないことは、私自身が一番よく分かっていました。

収益性だけの問題ではありません。ネットビジネスは、業界内での力関係、社会への影響力、海外への進出、どれにとっても強いメディアが不可欠なのです。

それでも社内の反応はあまり良いものではありませんでした。

それというのも、「なぜそんなに会社を大きくしていかなければいけないのか」という思いを抱えている社員が多かったからです。

これは役員も同様でした。意思統一ができていなかったのです。


将来への投資ではなく、目の前の利益を上げているほうが高く評価され、社内でも意見が通りやすくなっていました。逆に赤字を出していると、将来のためという位置づけができていなかったので、普段の仕事では軽く見られていました。

株式市場など社外からの評価も、この時期は特に短期的な成果に集中していました。一方で社内に長い目で見られる人はいませんでした。

「リーダーである社長が将来像を示していないからだ」

そんな指摘を受けたこともありました。今となっては全てはその言葉通りだということが、自分自身でよく分かります。

しかし、赤字企業の経営者で、株価を低迷させ、社会的な評価も落としていたこの時期、将来を語ろうにも、誰一人として私の話に耳を傾けてくれないというのが現実だったのです。

何を言ってもそれは泣き言にすぎませんでした。

将来への道を探し続ける時、私はいつでも一人きりでした。

4

誰にも相手にされない中長期目標を発表してから、私は腰を据えて、メディア事業を育てる体制作りに取り組むことにしました。

当時のサイバーエージェントは、ネットバブルが崩壊していたとはいえ、将来有望なインターネット市場で、優秀な人材を既に数多く抱え、私も社員もたくさんの事業アイデアを持っていました。資金面においても、ネットバブル時に調達した200億円近い金が、まるまる手元に残っていました。

つまり事業に必要なヒト・モノ・カネが存分に揃っていたのです。時間がかかろうがかかるまいが、批判されようがされまいが、あとはやるだけだ。そう考えました。

しかし、現実はそれほど甘くありませんでした。

実際に思いつく限り、メールマガジンのサービス、懸賞サービス、ポイント事業などといった、いくつものメディアを立ち上げました。

そして、それを一気に伸ばそうと目論みました。

手元にある潤沢な資金を有効活用する目的もあり、

「立ち上げのときに大規模なCMをやって有名にすればいいんだ」

という短絡的な発想をしていました。

会員を増やすには、CMや広告宣伝予算を増やせばいいのだ、と。

まだこの頃は、ネットの世帯普及率が低く、ナローバンドで回線が遅くて、ネットが不自由な時代でした。

それにもかかわらず、全国的にCMを派手に打って大失敗したり、ネットサービスとはほとんど関係のないロゴの入ったTシャツを何千枚も製作したりと、メディア事業の立ち上げと称した迷走を繰り返しました。

これらの行動で学んだことがあるとすれば、資金力があって、それを大量の宣伝に費やしたところでメディア事業が立ち上がるほど甘くはない、ということだけでした。

そして、四半期ごとに一度やってくる決算発表では、それら新規事業への投資の成果を、逐次、投資家に対して報告しなければなりませんでした。

買収騒動の時に村上世彰さんから言われた、

「メディア事業はたいしたことないんだから、止めたらどうですか？」

という言葉は、脳裏に焼き付いて離れませんでした。

広告代理事業だけに絞って事業を縮小し、余った余剰資金を自社株買いなどを通じて市場に返せという提案でした。

社外取締役に就任してもらった三木谷社長からも、取締役会で赤字を続けるメディア事業に率直な疑問を投げかけられました。

「サイバーは営業の会社なのに、なんでこれやってるの？」

誰からもそういう認識で見られていたのです。

サイバーエージェントは営業が得意な藤田が創った、勢いだけの若者が集まった会社。世間のイメージはそんな印象だったのでしょう。

誰一人として、サイバーエージェントがメディア事業で成功を収めるとは期待していなかったのです。

私は、「今度は腰を据えて経営する」と宣言していました。

しかし、社会の公器と言われる上場企業で、誰からも期待されていないものに時間をかけて投資していくこと。それがどれほど苦難の道であるかということを、自分が身を以て体験することになりました。

多くの利害関係者が求める、

〝この人なら〟資金を預けておけば期待できるという経営者。

〝この会社なら〟成功する可能性が高いと思われている企業。

簡単に言えば、当時のサイバーエージェントはその真逆なわけです。

〝ブームに乗っただけの〟未熟な若い経営者。

〝営業会社がメディアに投資する〟なんて無理に決まっている。

そんな状態で上場企業に求められる説明責任を果たしていくのは困難を極めました。

ネットビジネスの先行投資とは、主に人材と時間への投資です。製造業のように設備投資とか物流網を作り上げるといった目に見えるものへの投資ではありません。つまり、長い時間をかけて人が作っていくものに投資をしていくことの必要性を、投資家に分かりやすく説明する必要があります。

しかし、先の見えないネット業界で、しかもメディアを作り上げることに何の実績もない私が説明をしても、誰も聞いてはくれませんでした。聞いてはくれても、理解してくれなかった、というほうが正確かもしれません。


「なぜ、そんなに金を使ってできもしない事業を立ち上げようとしているのか？」

「なぜ、営業の会社がメディアを作るなんて大それたことを言っているのか？」

「頼むから余計なことをして金を減らさないでくれ」

「せめてじっとしていてくれ」


そんなふうに世間から責められているような気分になりました。

それらのプレッシャーは社外からのものだけでなく、社内からも、いや社内のほうがより深刻だったかも知れません。

投資家だけでなく、社員にメディアビジネスを推進していくことを説明するのもまた、茨の道でした。


（誰もメディア事業なんてやりたいと思っていないのではないか？）

（実績がない私を誰も信じてないのではないだろうか？）

そんな疑心暗鬼に襲われることは珍しくありませんでした。

当時の広告代理事業は、ネット業界への逆風の中、日々受注し粗利益を稼いでくれていました。

当然のように、広告代理事業で働いていた社員は、「メディア事業が垂れ流している赤字を自分たちがカバーしているんだ」という意識が強かったと思います。

営業が仕事を取ってくれれば毎月売上が立つ広告代理事業は、赤字が続く会社で働く社員にとっては、将来への不安を払拭する、唯一の心のよりどころにもなっていたのです。

そんな中、どうやって利益を上げるかも分からないような、先の見えないメディア事業に乗り出すことに対して積極的な人は限られていました。

また、当時はコンテンツやサービスよりも、広告を主軸にメディアを運営しているものばかりでした。そのため、ネットユーザーからも、

「別にサイバーエージェントが出すようなサービスには期待していない」

「広告を寄せ集めただけのコンテンツ」

そう言われているような妄想にもかられました。

実際、メディア部門の開発者は、広告代理部門に「この商品は売れるでしょうか？」とお伺いを立て、営業の意見を聞きながら開発をしていたのです。

いま思えば当たり前の話なのですが、そんなユーザー目線に立っていないサービスがユーザーに支持されるはずがありません。

（売上も大事だし、仕方ない……）

短期業績のプレッシャーに負けていた当時の私は、これではいけないと分かっていながらも、自分に言い訳をするしかありませんでした。

その頃は、メディア事業といっても、広告代理事業で売上を伸ばしつつ、小さいメディアを運用して手っ取り早く広告で売り上げる、そんな手法ばかり取っていました。

懸賞サイトやメールマガジン、ポイントサイトなど、いくつものブランドをまとめて「自社メディア」と呼んでいました。広告代理事業で扱う他社のメディアが「他社メディア」なわけですから、その頃はやはり広告代理事業の商品としてメディアを捉えていたのです。

5

ゼロから立ち上げるには一定の長い投資期間が必要なメディア事業ですが、一発で時間を買う方法が一つだけありました。「買収」です。

上場時に225億円を調達したサイバーエージェントは、一部を宣伝費に投じていたものの、そのほとんどを使い切ることができず、200億円近くを余裕資金として保有していました。

その資金で有力メディアの買収に成功すれば、状況は一気に変わる可能性があります。

時はネットバブルの夢の跡。

当社にも、資金繰りに行き詰まったベンチャー企業の売却案件が次々と持ち込まれていました。

日本特有の風土なのか、調子の良い会社が売り時と考えて、売却を検討するケースはほとんどありません。売却案件として持ち込まれる会社は、大半は何らかの致命的な問題を抱えていました。

たとえば、株を持っているオーナーが売りに来て、事業の将来性を魅力的に説明していても、実際にはその企業は既に行き詰まっているケースが多いのです。しかしその場合、オーナーは決してそのことを自分からは言いません。だからなんとか自力で見破るしかないのです。

早く成長させたい、早くメディア企業に変貌させたいと焦っていた私は、その欲望に負けて何度も危うく不良物件を摑《つか》みそうになったことがありました。

しかし、当時M&A案件を担当し、私の席の近くに座っていた社長室長がとてもシビアな性格だったことが幸いしました。

「こんなの全く買う価値ありませんよ」

売却企業の隠された致命的な問題を発見しては、私に代わって、ことごとく蹴ってくれたのです。

中にはのちに有力ネット企業に成長を果たした会社もあり、どうしてあのとき買わなかったんだと後悔した案件も幾つかはありました。しかし、トータルで見れば彼に救ってもらったと思います。

結果的には買わずに助かった案件が多かったのですが、買収に関する社内の反応で、当時のサイバーエージェントが買収という手法を採るうえでの難点が見え始めました。

それは、数億円以上の規模で買収する検討を始めると、

「こんなのに何億円も金使うんだったら、同じものを社内で作れますよ！」

と社内から拒絶反応を受けることが非常に多かったのです。

しかしながら、同じものは決して作れませんでした。

見た目には簡単そうに見えるのですが、作り込まれ、ユーザー目線にきちんと立っていて、しかも日々の運用まで考え抜かれている――そんなサイトですら、当時の私たちは、「これくらいだったら簡単に作れる」と思い込んでいました。

つまり、売り込みに来ていたものの価値を誰も見抜けなかったのです。

当時のサイバーエージェントの上層部にはエンジニアは一人も存在していませんでした。だから、ユーザー向けに面白いサイトを作り上げることが、どれだけ難しいことか、理解すらしていなかったのです。

また買収は時間を買うという意味がありますが、ネット業界において、先行するメリットが、1年早いことが金額に換算してどれほど大きなことなのか、本当の意味では分かっていなかったのだと思います。

きちんと理解できていなかったのは、私も同じでした。

しかし私は、それでも何とかしなければいけないという焦りが皆より強かったので、「これどう思う？　買おうか？」と提案していたのですが、その時の自信のなさや迷いを見透かされていたように、ことごとく社内から反対に遭いました。

その頃の私は、多額の投資を決める際には、役員会やいろんな人に意見を求めていたのですが、反対意見を押し切ってまで決めるほどの自信がまだなかったのです。

「社内でできるというなら、作ってよ……」

私はそう言いたい気分でしたが、ゼロから作るには金だけでなく、時間が必要でした。

6

自社で作るといっても、当時の社内で開発していたサービスは底の浅いものばかりでした。技術力はなく、システムはほとんど外注。コンテンツの発想は、所詮は広告効果を高めるためのメディアとして、ユーザーよりも広告主にいかに支持されるかを優先していました。

この頃の会議でコンテンツが議題に上る場合には、いかに面白いコンテンツにするか、という議論がされるのではなく、ひたすら数字の話だけでした。

「このコンテンツはどのくらいの売上で……」

ユーザーに有益なサービスを提供するために、という話は一切出なかったのです。

またネット環境もまだまだ貧弱でした。「ピ〜〜ヒャララララ」という音が鳴ってようやく細く繋がる貧弱なナローバンドのインフラ環境もまた、奥行きのあるコンテンツを作ることの障壁になっていました。

しかし、このような状況が続くのでは、何百万人というユーザーを抱えるような自社の主軸となるメディアが社内から生まれるとは到底思えません。

ヤフーをはじめとする他社のメディアを使い込んでいた私にとってみれば、自社のメディアはお世辞にも良いとは言えませんでした。けれども、では実際にどうしたら良くなるのかということまでは分かりませんでした。

何よりその頃のメディアは、外部の会社に作ってもらったものが多く、改善するにもどうしたらいいのかすら、分からなかったのです。

それでも、私はなんとか奥行きのあるコンテンツを揃えていきたいと暗中模索していました。

そんな頃、知人を通じて初めて秋元康さんと会いました。

まだ、ＡＫＢ48を手掛ける以前の秋元さんです。

「ネットのコンテンツのマイナーな感じを変えたいんだよ」

そんな思いで新しい試みを模索していた秋元さんと、私の思惑が一致し、フジテレビと一緒にネットと連動した音楽番組「千枚ＣＤ」という企画をやりました。

これもまた、先のＣＭ宣伝の時と同じように失敗に終わりました。

しかしながら、この仕事をきっかけに自分の中である変化が起き始めました。

秋元さんと仕事をしていて、人材業界・広告業界で働く人たちの仕事に対する姿勢との違いに驚きました。クライアントや業界づきあいなど、企業を相手に仕事をしてきた我々に対して、秋元さんはひたすら視聴者、ユーザーと向き合って、面白いことや心を摑むことをやろうとしていました。

仮にもメディアを創ろうという会社の社長がこれではいけない――。

私もそう考えるようになり、「千枚ＣＤ」の試みが転換点となって、仕事上でつきあう人の業種が少しずつ変わり始めたのです。

秋元康さんと個人的に親しくなったこともあり、メディアやコンテンツのプロフェッショナルと多くの接点が生まれました。公私を問わずそういった人たちと接することが、知らないうちに私にいくつかの影響を与えてくれることになりました。

7

採用活動においても、中長期計画に掲げたことと、矛盾する行動をとっていました。

新卒採用で人気に陰りが出て、中途採用もままならない状況の中でも、採用だけは創業以来、全力を尽くしてきた会社です。

先人の大変な努力によって、世界でも稀にみるほど日本の大手広告代理店は学生たちには人気企業となっています。つまり優秀な人材を選りすぐって採用することができるのです。

一方で、ネット業界の人気は落ちていました。

今でこそ超優秀な理系のエンジニアが入社してくる業界になりましたが、当時は一部の変わり者を除けば業界の将来を不安視する人が大半だったのです。

「サイバーエージェントはインターネットの広告代理店です」

「クライアントのネット戦略をコンサルティングします」

なんとしても優秀な人材を確保するためには、そう言って広告代理事業を前面に打ち出すしかありませんでした。

メディア業を強化しようと思っているのに、広告代理事業を打ち出しつつ採用をする。それでもいいと思った背景には、当時社内でメディアをやっていた人材の多くが広告業界出身者だったことが挙げられます。まっさらな新卒なら入ってから興味を持ってもらっても十分可能だろうと考えていたからです。

しかし、この発想もサイバーエージェントのメディア業進出を遅らせる一つの要因になってしまいました。

広告代理事業に多くの新卒を受け入れていった結果、この部門がサイバーエージェントの企業文化の中心になっていったのです。

優秀で性格が良く、前向きな社員たちが集まるこの部署をみんなが好き。それは即ち広告代理事業が好きだということを意味していました。

この頃、今から思えば、完全に裏目に出てしまったと後悔するような施策をしたことがあります。

それは、社内にメディアコンテンツ部門というメディア事業のセクションを作り、オフィスを分けたことから始まりました。

私の社長室と広告代理事業は渋谷マークシティ21階に残したまま、新設のメディアコンテンツ部門はマークシティ麓の10階建ての雑居ビルに分散して入れることにしたのです。

名称こそは、テレビ局のような部署名を採用し、「コンテンツ事業部」とか「マーケティング事業部」といったものにしたのですが、これにはメディアコンテンツ部門の社員も意気消沈してしまいました。

オフィスビルの格から言っても、オフィスフロアの高さから言っても、社長がいる場所からしても、広告代理事業がサイバーエージェントの本流であり、メディアコンテンツ部門は傍流である、そんな雰囲気が社内に漂っていきました。

メディアを主要事業にしたいと掲げているのとは正反対の矛盾した行動に自分でも薄々気づいていながらも、手を打つことさえできずにいました。

そして、ただずるずると時は過ぎていったのです。

8

メディア事業とは裏腹に、広告代理事業のほうは順調に数字を伸ばしていきました。

一時は社内の雰囲気があまりにギスギスしていたことによって、大手広告代理店出身の幹部を排斥しようと古参社員がクーデター騒ぎのようなものを起こしたこともありました。

これには珍しく私が感情的に怒って一喝し、社員たちの頭を冷やした結果、解決し未遂に終わりました。

そんな騒動があったものの、高村彰典（現・サイバー・バズ社長）の体制に代わってからは、景気が悪くても、社内は明るく、若くて元気な営業マンたちが日々客先に出かけているといった雰囲気に変わっていきました。

元気で気のいい奴らが張り切っている、というサイバーエージェントの社風を体現するかのような部署でした。


当時の私は「任せて伸ばすグループ経営」に徹していました。

その考えに至った背景には、起業した時からの経営者としての思いがあります。

営業職出身だった私は、

「自分で営業していたら会社は大きくならない」

と強く信じていました。

それは学生時代の頃からの思いでした。

当時、私がアルバイトしていた会社の社長は、とても優秀な営業マンでした。私と同行してくれた時などには、手ぶらで出かけていったにもかかわらず、その場で大きな金額の仕事を決めるような営業力のある人でした。

だからなのかも知れませんが、その社長は営業能力が高すぎて全部自分でやってしまいます。それは個人のキャパシティ以上に会社が大きくなれないことを意味していました。

それを見た時に、「これではダメだ」と思いました。

会社とは、みんなで組織的にやることによって個人では決してできないような大きな仕事を成し遂げるためにあります。

そのためには経営者は経営に徹したほうが会社は大きくなる。

そのような考えに従い、最初こそ客先に自分で出向くことがあったものの、創業半年くらい経つと、私は自分で営業するのは一切止めてしまい経営に徹することにしたのです。

グループ経営もその考えの延長で考えていました。

自分が直接やりたい気持ちが強い人が社長だと、会社は拡大の壁にぶつかりがちです。

私は黒子に徹して後方支援に回ることが、一番早くグループ全体を拡大できる方法だと考えていました。

だから、有望な分野を見つけたら、有望な人材を任命し、そのあとは進捗状況を見ながらできる限り力になるといった経営スタイルにしていたのです。その考え自体は間違っていなかったと思います。

しかし、この経営スタイルがメディア事業を伸ばすうえでは大きな障害となり、難しい局面を迎えることに気づくのは、それより何年も後のことでした。

「任せて口出しせず、後方支援に徹する」という経営スタイルは、グループから新規事業や経営者を育てるうえでは功を奏しました。だからこそ、シーエー・モバイルやネットプライスなどの有力企業がその中から育ってきて、そしてしだいにグループ経営の形ができ上がっていったのです。

そんな環境下でグループから優秀な経営者が何人も育っていきましたが、相変わらず私自身は厳しい批判に晒されていました。

先輩のベンチャー経営者には、

「藤田は立ち上げが得意なんだから、アメリカみたいに会社を拡大させる局面にはちゃんとした経験のある経営者にバトンタッチしたほうがいいと思うよ」

と提案されました。

投資家を訪問すると、

「サイバーエージェントは経営陣に大人がいないから安心して投資できないんだよね」

と言われました。

(日本のネット業界にバトンタッチできるようなプロの経営者がいますか？)

(大人がいる会社がほとんどだけど、経営がうまくいっていますか？)

言い返したいことはたくさんあったけど、悔しくても、まだ実績が出ていない以上、当時は歯を食いしばって批判に耳を傾けるしかありませんでした。

中長期で会社経営に取り組むと宣言はしていたものの、自分の未熟さゆえにできないことだらけでした。

メディア事業をやると言っても、自分のキャリア上、メディア事業の実績がない。実績がないのに自分でやらず人任せ。人任せだから自信を持って周囲を説得することもできない。

「何かがおかしい」と思いながら手を打てない。

なにもかもが中途半端でした。

なんとか買収危機を脱して以降もずっと、「21世紀を代表する会社を創る」という夢も、そのために「メディア企業になる」という想いも、何も揺らいではいませんでした。

しかし、私の言葉は何も届いていないかのようでした。

その思いは誰にも理解されていませんでした。

いくら声に出しても伝わらない自分の言葉に、無力さと虚しさを覚えていました。

何も見えない真っ暗闇の中を、ぽつんと一人、歩いているような気分でした。

第2章　土台作り

1

上場から丸3年が経過した2003年4月、まだ月次ベースではありましたが、会社はようやく黒字化し始めました。

赤字の期間中は「必ず黒字化させて見返してやる」と心に誓って、ずっと批判に耐えていました。さんざん悔しい思いをしてきたので、黒字化した際には「どうだ！」と胸を張りたいと思っていました。

しかし、実際に黒字化した時には、既に世の中は〝サイバーエージェント叩き〟を終えていたようです。決算説明会を開催しても、出席者の数はごくわずかの閑古鳥状態。参加しているのは関係者ばかりの会場で、賞賛も再評価もありませんでした。

国内の機関投資家を訪問し、

「まだ四半期ですが、これから通期でも黒字化しますよ」

今が株の買い時だと言わんばかりに力を込めてプレゼンしても、全く手ごたえはありませんでした。

ようやく黒字化したというのに、もう注目されていない会社になってしまったようで、虚しくも感じたものです。

誰にも相手にされなかった中長期計画に向けて、待望のメディア事業が育ってきたとは言えるような状況ではありませんでしたが、一応の数字の体裁は整っていきました。

広告代理事業が順調に売上を伸ばし、グループ子会社に実績がつき始めていた頃でした。

しかし実情は、腰を据えてやっていた筈のメディア事業への先行投資期間に区切りをつけて、赤字を減らすことによって利益を出しにかかった形でした。

メディア事業の先行投資期間と言えば聞こえはいいのですが、内実はひどいものでした。

赤字が出ていたとしても少しの間我慢すれば黒字になるという可能性を感じさせる事業はほとんどなく、結局、メディアとしてどうしようもない状態の事業ばかり。

（21世紀を代表する会社を創るためには、こんなメディアじゃダメだ）

（もっと可能性がある事業を育てておかなければその後が辛いのに……）

私は後ろ髪を引かれる思いでした。

でも、中長期計画で黒字転換を宣言していた期日2004年9月期は、もう目前に迫っていました。通期で黒字化させるためには、もうそろそろ月次ベースで黒字化させておかないと間に合わなかったのです。

そこで、膨張していた組織をスリム化するために、中途採用を全てストップし、音楽関連事業や、MLB.com の運営事業、さらには動画メディアなど、「メディア事業の礎を創る」という旗印のもとに取り組んでいた、比較的華やかで金のかかる分野からの軒並み徹退を決めたのです。

いずれも、思うように規模を拡大することができず投資額が見合わなかったと判断せざるを得なかったためでした。

「ここらが潮時じゃないですか?」

数字を管理していた部門に促されるような形で、正直なところ、一区切りをつけるというよりも、失敗を認めてギブアップしたという形でした。

中長期計画を策定した時、黒字化する時はチマチマ利益を出すのではなく、大きくドカンと出したいと思っていました。

しかし、実際には黒字化し始めたといっても額はわずかで、これを以て大規模な新規事業への投資負担に耐えることはできませんでした。少し投資の額を増やしただけでも、わずかな利益が吹き飛んでしまい、たちまち赤字に転落してしまうからです。

「資金があるのに使えないなんて……」

「さすがにもう赤字にするわけにはいかないですよ」


利益が少ないため、投資を増やせば赤字になる。

その利益を増やすためのメディア事業の立ち上げなのに、利益が大きくないから立ち上げの負担ができない。そんな自分たちの置かれている立場のジレンマに、苛立ちが募りました。

一方、同じネット業界のいくつかの企業は、資本市場を駆使し、上手に買収を成功させ、大きな規模になり、その効果でより大きな実績を上げていきます。そして今まで以上に大きく差を広げられていくという展開でした。――そんな姿を何度も見せつけられ、私は誰にも言えない劣等感を抱いていました。


（なぜ他社にできるのに、うちにはできないんだろう）

（ひょっとしたら自分の経営者としての能力が劣っているのかも知れない）

創業した時点では同じような規模だった会社が、倍々ゲームで規模を増大させていく。そして気がつけば大きな差をつけられている。

そんな状況を役員会では棒グラフに起こし、サイバーエージェントの実績と並べて比較していました。時系列とともに売上も利益もどんどん差が広がっていくさまを目の当たりにしつつも、

「……すごいよね」

そんな言葉以外は、私の口からも、他の役員の口からも出てはきませんでした。

泣きごとを言っていても、先行している同業者との差は時間とともに開くばかりです。

「こんな時期だから、投資が少なくてすむ新規事業を立ち上げよう」

我々は、そんな状況でもできる新規事業を手掛けることにしました。

そんな中で生まれたのが、お茶の通販サイト、並行輸入車の販売サイト、宝石の通販サイト――。

この頃は派手な動きがとれず、腰を据えて大規模なメディア事業を立ち上げるという目標を忘れて、すぐに売上が立ちそうなお手軽な事業ばかりを起こしていたのです。

ただ、唯一の救いは、サイバーエージェントはどんな状況下においても新規事業を仕込む

ことを止めなかったことです。

ネット業界の歴史を振り返れば、目まぐるしく変わる環境の変化の中で、新しいことをやらなくなってしまった会社は全て消え去っています。

私たちは「21世紀を代表する会社を創る」という夢を掲げていました。その言葉を現実化させるために、自分たちに拡大し続けることを義務づけていたのです。

この拡大意思こそが、新規事業への意欲を支えていました。

何が正しいのか分からず手探り状態。まったく先を見通すことはできませんでした。

それでも21世紀を代表する会社を創らなければという意欲に支えられて、「前に進む」ということだけは決めていたのです。

この頃、社員からは、

「会社を拡大しなければいけない理由が分かりません。教えてください」

そんなふうに聞かれることがよくありました。でも私は「21世紀を代表する会社を創る」という言葉そのものの意義を考え直す気だけは、毛頭ありませんでした。

「それは大前提として決めていること。考え直すつもりはないよ」

この質問にはいつも、そんなふうに素っ気なく答えていました。

2

毎月の損益が黒字化してから半年経った、2003年秋、初めてサイバーエージェントの役員合宿を行いました。

1泊2日、泊りがけで、日常業務に追われ先送りにしてきた課題を解決させるために、役員がひたすら話し合う機会です。

合宿を始めたのは、リクルート創業者の江副浩正さんの著書『かもめが翔んだ日』を読んだことがきっかけでした。リクルートの役員合宿（じっくりT会議）について触れられていて、当社でもやってみようと考えたからです。

私が学生時代にアルバイトをしていた会社も、就職した会社も、どちらもリクルート出身者が作った会社だったので、自分の中でリクルートは血筋がつながっている親戚のような会社だと勝手に思い親近感を持っていました。そのため、リクルート関連の書籍などはよく読んでいたのです。

「この会議はいいなあ……我々も場所を変えてゆっくり話し合う時間が必要だな」

その頃のサイバーエージェントの上層部は、私と役員それぞれの関係は良好だったものの、役員同士はあまり連携がとれておらず、バラバラな状態でした。ほうっておくとすぐ利害関係が対立し、険悪な状態になっていたのです。

「黒字化したし、ちょっとした社員旅行みたいになるかも」

そんな発想で、ある土日に役員6人全員で箱根に出かけることになったのです。

リクルート社では、大きな発想で考えるように、あえて分不相応な立派な温泉宿や高級ホテルを会場に選んだとありました。

確かに、今はともかく、サイバーエージェントの輝かしい未来について語り合う場です。

「考えが縮こまらないように、会場は豪華な旅館かホテルを取ってね」

予約を担当する社員に、私はそう伝えたつもりでした。

そして合宿当日。

各役員はそれぞれ自分の車を運転し、箱根を目指しました。

午前中に現地に向かい、昼ご飯を全員で摂り、午後から会議というスケジュールです。

「どんな豪華な場所なんだろう……」

期待を膨らませて到着した場所は、寂れた老人ホームのような宿でした。

まだ若いとはいえ、皆、一応は上場企業の役員です。それなりの外車を運転して乗り付けた場所は、まったくその雰囲気にそぐわない、格安の宿だったのです。

私の意図がうまく伝わっていなかったのか、それとも、折しもコスト削減で社内の引き締め真っ只中だったので、担当者も気を遣ったのかもしれません。


しかし、あまり雰囲気のよくないその会場で行われた役員合宿で、サイバーエージェントの運命を大きく左右するような大事な決定が、いくつもなされました。

特にその後の経営に大きく影響を与えたのは、

「長く働く人を奨励する会社にしよう」

という考え方です。

この考えは、サイバーエージェントの企業文化の土台が作られるきっかけとなりました。

その頃までのサイバーエージェントは、社員がよく辞める会社でした。

私が大学を卒業して社会人になった1990年代後半は、山一證券の倒産などがきっかけとなって、大企業に入っていれば一生安泰という大企業神話が崩壊。そして、個人のキャリアを重視する、実力主義の会社がもてはやされるような風潮に変わっていった時代です。

その頃に創業したネット企業のほとんどが、実力主義や成果主義を謳っていて、サイバーエージェントも例外ではありませんでした。実力主義の風潮は、これから就職する若い世代が求め、それに応えるようになっていた状態でした。その影響を受けた私たちも実力主義が大事だ、個人のキャリアが大事だと考えていました。

2000年前後のネットバブルの時期、多くの人を採用しましたが、その後多くの人が去っていきました。

会社経営においても、優秀な人を厚遇し、できない人が会社を去るのは当たり前のことだとしていたのです。

その風潮に疑問を呈したのが、創業からずっと一緒にやってきた日高裕介（現・副社長）でした。

「やっぱり新卒で採った社員は優秀だよね」

と言い出したのです。

「新卒は、この会社が最初なんだから、サイバーのカルチャーを身に付けやすい」

「たとえ景気が悪くなっても一生懸命に頑張る社員が多い」

そんな発言でした。

私たちは皆、その言葉を待ち望んでいたのかも知れません。

実際、ネットバブル時には名だたる大企業出身の、優秀な人材が数多く採用できましたが、その崩壊とともにほとんどが会社を去っていきました。一方で、創業3か月の時から毎年新卒で採用していた社員たちは、厳しい環境にもじっと耐えて目の前の仕事を頑張っていました。

採用マーケットにおける、日本特有の事情なのかも知れませんが、新卒採用時に優秀な人材を獲得しておかないと、中途採用だけで人材を揃えるのは困難です。優秀な人材は新卒で大企業に入ってしまうと、簡単には辞めず中途市場に出てこないからです。

サイバーエージェントの業態は、優秀な人材を多く抱えることが、そのまま競争優位性となります。だから我々にとって採用は死活問題なのです。

新卒の一括採用の是非の問題は当時もありましたが、少なくとも日本特有の事情を1社で変えるような不遜な考えはできないのも事実でした。その時点では、新卒採用を中心にすることが、時間はかかっても優秀な人材を獲得する確かな手段だったのです。

また、ネット業界は歴史が浅く、まだその頃は経験者がほとんどいませんでした。中途採用で経験者を探すのは、とても難しかったのです。

中途でも優秀な人材が獲得できることはありましたが、結局は社内で育てる必要がありました。

それにもかかわらず、新卒にしても中途にしても、せっかく一から教えて育ててきたのに辞められたらまた一から育て直しです。その繰り返しは大変効率が悪いものに感じられました。

採用活動にはかなりお金と時間をかけてきましたが、むしろ今いる社員が辞めないようにお金も時間も使ったほうが合理的なのかも知れません。

もうこれ以上の人材の流出に歯止めを掛けなければいけない時期でした。

「社員を大切にする会社に変わろう！」

そんな思いで私たちは、

「長く働くことを奨励する会社になる」

という方針を打ち出しました。

（事業の好不調の波によってそんな簡単に人が入れ替わるような会社では継続性が弱いので

はないだろうか）

（人が入れ替わるたびに断絶してしまうような会社では、長期的な視野で経営できない）

（考えてみれば、そもそも労働価値観も、採用市場も、法律の在り方も、日本はそんなに簡単に人を入れ替えられるような社会ではないのかも知れない）

中長期計画を作成し、長い目で腰を据えて事業を立ち上げていた私は、そう考え直すようになりました。

（世の中はいまだベンチャー企業は実力主義、採用は即戦力メインだと思い込んでいるけど、必ずしもそうでなくてもいいのではないだろうか）

（日本には日本の社会にあったベンチャー企業の創り方が存在するのかも知れない）

（新しい時代に即した、進化した日本的経営モデルを創りたい）

意識はしませんでしたが、私の中には父親の姿があったのかも知れません。

私の父は、福井県鯖江市で当時の名門企業だったカネボウの鯖江工場に勤務していました。父は愛社精神に溢れる人でした。父が身を粉にして働き、体を張って仕事をしていた姿を、私はよく見ていました。そんな父を誇りに思っていました。

父の姿を思い起こすと、毎日活き活きと仕事をしていました。それはカネボウが右肩上がりに成長している真っ只中で、自分の仕事が業績向上に貢献しているのを肌身に感じられて、将来にも希望が持てていたからだったと思います。

それから時代は確かに変わりました。

多くの日本企業の成長は頭打ちになり、社員の平均年齢が上がり、役職ポストが不足し、若者は新たな活躍の場を失い、会社にしがみつく社員も増えています。

そんな環境では活き活きと働きたくてもなかなか難しいでしょう。


しかし、サイバーエージェントは日本経済全体の低迷とは事情が違います。市場自体が右肩上がりで成長真っ只中のインターネット事業を行う会社であり、社員も20代と30代の若い人ばかりです。

会社が成長しているのは若者が活躍し、貢献しているからです。事業が拡大したり、新規事業に参入したりするたびに新しいポストが生まれています。

もちろん、いつかは日本企業の多くが陥ったような経営の行き詰まりに直面する可能性はあります。しかし向こう30年くらいはかつての日本的経営の良さが活きるのではないだろうかと考えました。

私は、戦後に生まれ、高度成長期に育っていった新しい会社とサイバーエージェントの姿を重ねていました。30年後に、今の日本企業が陥ってしまった苦境を繰り返さないためには、よく過去の日本的経営を勉強し、参考にしつつ、問題を先送りせず、早め早めに手を打っていけば良いでしょう。

一時期、若い人の間では愛社精神はダサいものという風潮もありました。でも、そもそも自分の人生の大半をそこで過ごしている、自分の会社に対して愛社精神を持てないというのは悲しいことです。

「かつての日本的経営を参考にする」

そう考えて以降、創業以来、ずっと組織作りにおいては、点と点が繋がらずに暗闇の中でもがいていたような状況から、散らばっていたジグソーパズルのピースがどんどんはまっていくような、複雑に絡み合っていた糸がほぐれていくような、軸となる大きな1本の道筋ができてそれに沿って全てが辻褄のあった考え方に収斂《しゅうれん》していくような、そんな不思議な感覚を得ることができたのです。

(変化が激しい時だからこそ、ブレない軸が必要なんだ)

そう思っていても定まらなかった軸がようやく定まりました。

私にとって、霧が晴れていくような瞬間でした。

そして、何年後かに次々押し寄せてくる大きな苦難を、サイバーエージェントが乗り越えていくための土台が作られていったのです。

3

それからの会社はどんどん変わっていきました。

やっと、真っ暗闇の向こうにわずかな光が見えてきました。その光が私の進むべき道筋を照らしてくれるようになったのです。

21世紀を代表する会社にするために、何が必要で何が無駄なのか、何を変えなければならないのか、ようやく私は自信を持って自分の考えで判断できるようになりました。

時代に逆行するように、

「終身雇用を目指す」

という方針を打ち出したところ、いつ消えるか分からなかった会社がそんな言葉を使い始めたことによって、社内にさまざまな意識の変化が起きていきました。

「社長、私はずっとサイバーエージェントで働きたいと思っています」

私にそんな言葉をかけてくる社員もいました。

その頃のサイバーエージェントの社内は、黒字化し始めたことによって明るさが芽生え、元々持っていた前向きで元気な姿を取り戻しつつありました。

そこへ「終身雇用を目指す」「長く働く人を奨励する」というメッセージは、深く届いたようでした。

実際、「社員を大切にする」という会社側からのメッセージに応えるように、ぱったりと社員が辞めなくなりました。

その後は、世間のネットベンチャーという会社のイメージとはかけ離れた、日本の会社らしい発想が次々と生み出されていきました。

余談ですが、長く働く場所だということに安心したのか、その頃から社内恋愛していたカップルたちが次々と結婚を決めるようになりました。そのおめでたいムードがさらに会社を明るくしていきました。

私自身も、この時期、ようやく水を得た魚のように仕事をしていました。夢中になってサイバーエージェントの企業文化の根幹となる土台作りに精を出していたのです。

まず、会社のビジョンを掲げました。

「21世紀を代表する会社を創る」

実はこの言葉、それまでは明文化していませんでした。

それまで漠然とした言い方で社内に伝えていたこの言葉を、サイバーエージェントのたった一つのビジョンにすることを正式に決めたのです。

そしてこの言葉を社内に繰り返し伝えて浸透させると同時に、行動規範や価値観を定めました。行動規範（ミッションステートメント）はトイレの鏡越しに見える位置に張り出しました。また、価値観は「maxims」という小冊子にして全社員に配りました。

起業する前に『ビジョナリー・カンパニー』という本を何度も読んで感銘を受けていた私は、ビジョンの大切さを十分理解していました。しかし、本当に自分も社員も腹に落ちる言葉が見つかるまでは意図的に決めないようにしていたのです。

また、みんなの心に響くタイミングを待っていました。私の言葉が皆に伝わる、絶好のタイミングがようやくやって来たのです。

私が1998年に最初に起業した動機は「すごい会社を創りたい」というものでした。

インターネットが好きだったわけでも、起業家に憧れていたわけでも、金持ちになりたかったわけでもありません。このように考え始めたきっかけは、大学時代にアルバイトで働いていた会社の専務に

「すごい会社に入ったやつが偉いんじゃない。すごい会社を創ったやつが偉いんだ」

と言われたことだったと思います。

私の年代は就職氷河期と言われていた世代で、大学の友人たちも皆就職に苦しんでいました。名だたる大企業に行列して受験しに行って、大半は落とされ惨めな思いを味わう。そんな、ぞんざいな扱いを受けてまで就職活動することに違和感を抱いていました。

それならば、新しい世代で、新しい大企業を創ろう。

私は自然とそう考えるようになったのです。

普通、起業する時は、商品やビジネスモデルがあって、それに合わせて組織を作ったり人材を採用したりするのかも知れません。

しかし、私は最初から「すごい会社を創る」ことを目標の中心に据えました。そして、そのために市場は大きな可能性を秘めたインターネット市場を選び、立派な会社に相応《ふさわ》しい、

モラルが高くて優秀な人材を集めて組織を作っていきました。

全ては「すごい会社を創る」ためでした。具体的な事業は後から決めたというのが正直なところです。

「すごい会社を創る」を言い換えたのが、「21世紀を代表する会社を創る」という言葉。20世紀、戦後に生まれてあっという間に世界に誇れる日本企業になったソニーやホンダのような会社を、21世紀という新しい時代に新しい世代で創り上げよう。そんな気持ちを込めて決めたビジョンなのです。

続いて、人材に対するサイバーエージェントの価値観も明文化しました。

「大事なのは採用、育成、活性化」

一見、非効率に見える場合であってもこの三つ（採用、育成、活性化）に対しては十分な投資をするという方針です。

どんなに事業内容が変わっていっても、良い人材を採用し、きちんと育成し、モチベーションを高く持って仕事ができるよう、組織を活性化させていけば、会社は成長できるという考え方から打ち出したものです。

その頃のインタビューで私は、

「うどん屋をやってもサイバーエージェントは成長できますよ」

と豪語していました。

それは優秀な人材を集め、ちゃんと経験を積み、一生懸命頑張れば、どんな事業であっても、それ自体が競争力になるという意味です。

実際、その頃のサイバーエージェントを知っている人なら、それから数年後にゲーム事業に参入して、ヒット作品を連発する会社になるとは想像もできなかったと思います。


採用活動では、特に優秀な社員には、自分の仕事を犠牲にしてでも協力してもらいました。

育成においては、ベンチャー企業とは思えないようなさまざまな制度が生まれました。

また、若手の活躍の場をつくるのが一番の育成方法とし、若手の抜擢に怯《ひる》まず、若手の台頭を喜ぶ社風を作りました。

社内の活性化は、私の得意分野でした。

社員総会で活躍した社員を派手に表彰したり、会社の壁には昇格祝いやキャンペーンのポスターを張りました。新入社員が入ってくると、机にバルーンを揚げて周囲の人に名前を憶えてもらいました。

　そして、非常に効果があったのが、社内飲み会を奨励したことです。

　毎月目標を達成した部署には飲み代を支給するばかりか、おせっかいなことに翌日の半休までセットでつけました。「達成した時くらい、心ゆくまでゆっくり飲んでくれ」という意味です。

「翌日の半休はほんと有難いです」

　そう言ってくれる社員が多いのですが、これは自分が酒飲みだから痒《かゆ》いところに手が届くように気づいたことです。

　社内の飲み会が頻繁に行われるようになって、ギスギスした社内が円滑に動き出しました。やはり飲みニケーションというのは馬鹿にできないものです。

　活性化には他社では考えられないくらい予算を使いましたが、そんな会社からのメッセージに応えるように、皆が率先して活性化に力を入れるようになりました。

　また、時代に逆行するように、福利厚生にも力を入れました。

「なぜこのご時世に、福利厚生に力を入れるのですか？」

　取材などで狙いを聞かれると、

「社員を新たに採用するのにかけるコストよりも、長く働いてもらうためにお金を使ったほうが安くて効果的だからです」

私はそう答えていました。

ネット業界は歴史が浅く経験者が少なかったため、新たに即戦力を採用するコストが嵩む割りに、なかなか成果が得られない状況でした。それよりも、自社で育てた人材に長く働いてもらったほうが、実際、合理的だったと思います。

そんな考え方から、福利厚生制度に予算を費やしていったのです。その結果、ユニークな制度がたくさん生まれました。

過去の日本的経営の成功と失敗はもちろん勉強しました。

その頃、ソニーの盛田昭夫さんの『MADE IN JAPAN』と、ホンダの本田宗一郎さんの『得手に帆あげて』を読んで感銘を受けました。それ以外にも日本的経営について書かれている書籍は何冊も読み漁りました。

日本企業が世界的にも躍進を遂げて、その強さの理由を探ろうと外国からもお手本にされていた頃の書籍です。そこでは日本的な経営手法が自信を持って語られていました。

しかしながら、過去の経営スタイルを現代にそのまま持ち込んでも時代に合わないというのは当然分かっていました。

私なりに感じていたのは、当時の日本的経営は、右肩上がりの経済成長を前提にしている。その前提が崩れた時に、役職ポスト不足など人事の閉塞感を招き、難しい局面を迎えたのです。

その意味では、ネット業界は以前の右肩上がりの日本経済同様、向こう何十年も成長が期待できる産業だと私は確信しています。それならば、当時の経営方法の重要な部分は現代にも通用するはずです。

これから先、ネットの利用者層は若者中心からシニア層に広がります、また、使えば使うほど便利になるのがネットの特性です。それにパソコンの多様化や家電のデジタル化など、デバイスも多様化していき、すくなくとも今後30年は右肩上がりの成長産業であり続けると私は考えました。

社員のほとんどがまだ20代であるサイバーエージェントでは、20代の人が50代になる30年後までは、過去の日本的経営の良い面が機能すると考えたのです。

30年先まで見通した、そういった経営者の考えを打ち出すことで、社員が自分の経験や人脈を社内で活かそうと考えるようになり、組織制度自体が会社の競争力を生み出すはずです。

そんな私の考えは、時代の風を捉えたと思います。

時代の流れも、日本的経営を否定し成果主義を求めていた風潮が、少しずつ変化し始めていました。新聞は、最初に就職した会社でずっと働きたいと考える新卒が増加傾向にあるという記事を掲載していました。

社内の空気も、その頃からガラリと変わっていきました。

すぐに辞めて、会社よりも自分のキャリアを優先する人が多く、経営に対する不信感が蔓延していたような社内の状況は一変しました。

どう変化したのか？

簡単に言えば、急速に愛社精神が高まっていったのです。

会社が「社員を大事にするよ」と呼びかければ、社員も「会社を大事にしよう」と応える。

考えてみればとても単純なことでした。

4

事業に対する向き合い方も変わっていきました。

苦手だった買収に対する方針がはっきりしたのです。

ある日、オールアバウトの江幡哲也社長と会食していた時のことです。江幡社長はリクルートの出身でした。

「リクルートは買収が苦手な会社だと思う。カルチャーが強すぎて買収相手が引いちゃうっていうか……」

そんなことを江幡社長が話していました。

「あ、そうか……なるほど……」

江幡社長は何気なく話していたのですが、私の中で長く悩んでいた疑問が氷解したような気がしました。

その話を聞くまで、私は自分が経営するサイバーエージェントがなぜ買収が苦手なのか、自分で理解できず苦しんでいたのです。

でもリクルートの話を聞いて、サイバーエージェントも同じ理由なのだということに気がつきました。

他社ではあり得ないような若手を抜擢して育成し、社内を盛り上げ、皆のやる気を梃《てこ》に事業を伸ばすようなやり方をしている当社と、経営者が緻密な計画に基づいて管理しているような会社を統合するのは、困難なのです。

また「時間を金で買う買収」という発想自体も、新卒を採用し、長い月日をかけて人と事業を育成するという方針の当社には水と油のような話かもしれません。

数多くの買収案件を持ち込まれ、それについてさんざん検討してきましたが、結局有益な買収は何もできず、何もできないことに虚しさを覚えていた私は、

「買わないということで正しいんだ」

という自信が持てるようになったのです。それは一般論として買収が正しくないというわけではなく、当社にとっては正しくないという意味でした。

それからは買収方針について聞かれるたびに、

「大型の買収はやりません」

「基本的に事業は自分たちでゼロから創って伸ばします」

明確にそういう方針を打ち出すようになりました。

それでも経営者なら大型の買収による近道の誘惑に駆られることがあります。

しかし、公然とそのような方針を発表していたことで、私自身、自分にブレーキがかかる

ようになりました。

5

大型買収はやらないという方針が決まると、大物人材を外部から採用しないということも同時に決まりました。

時間を金で買う買収が、事業をじっくり育てている当社に合わないならば、時間を金で買うような採用も、人材をじっくり育てている当社には合わないと考えたのです。

インタビューなどで大型の買収をしないという話をした時には、決まって人材についての考え方も話しました。

「外から採用しても、最初から上層部に登用はしません」

「中で頑張っている人材がしらけるデメリットが大きいからです」

人材採用においても、このような方針を打ち出したのです。

かつてはヘッドハンターを使って、幹部クラスを他社から引き抜いていたこともありました。

しかし、サイバーエージェントでは、新卒で入社してきた若い社員たちが、同期入社と出世のスピードを競うようにして日々頑張っています。そのやる気が、会社の成長の大きな原動力になっていたのです。

それなのに外からの人材をいきなり上層部に登用すると、やる気が萎えてしまうと考えました。

実際、過去に採用していきなり重要なポジションに登用した人材は、その多くが目立った活躍もできないまま、会社を去っていきました。

インターネット業界は新しく、この業界の経験者はほとんどいませんでした。

未知の分野で経験者がいないにもかかわらず、その頃多くの人が信じていた、

「既存の業種での経験が、未熟なネット業界で活きる」

という考えは、先行きが見えず、不安な世界ではもっともらしく聞こえました。

しかし、現実はむしろ逆でした。

過去の自分の経験に固執すればするほど上手くいかなかったのです。まっさらな気持ちでインターネットの新しい世界の秩序や仕事のやり方を受け入れる姿勢がなければ、活躍することはできませんでした。

もし過去の経験をネットに当てはめて成功するのであれば、既存の大企業はもっとネット

ビジネスの分野で成功を収めていたでしょう。

私は、経験不足で若くても、やる気がある社内の人材を抜擢し、ポジションにつけることで育てたほうが、ネット業界では有益であると考えるようになりました。

もちろん中途で優秀な人材を採用できることはあります。しかし、基本的には、誰であっても最初は現場で仕事をしてもらい、能力が認められればすぐ昇格させるという方法をとるようにしました。

6

事業を自分たちで創っていく――その宣言を2004年11月の決算発表で行いました。

「これからは黒字化した利益の30％は新規事業への投資に充てます」

この発言は、サイバーエージェントがこれからも、引き続きゼロから新しい事業を創っていく企業であることを社内外に宣言したものでもありました。

私は新規事業の中から、未来を託すメディアを誕生させることを切望していました。この宣言はその希望を繋ぐためのレールを敷くものだったのです。

しかし、再び赤字を垂れ流すことになるのではないか、と恐れる投資家を安心させなければなりません。

そのために、新規事業に投資する際の基準となるルールを作りました。

それは、過去の失敗の経験を活かした自分たちの新規事業の立ち上げルールであり、撤退ルールでもあります。

このルールが、その後に与えた影響は計り知れません。これが現在に至るまでサイバーエージェントが大量の新規事業に挑戦し、その中から次々と事業が生まれる要因になったと言っても過言ではないからです。

このルールを、「CAJJ制度」といいます。

サッカーのJリーグの入れ替え戦をイメージしたような制度なのですが、これによって撤退基準が明確になりました。

新規事業をやるうえで、一番難しいのは撤退のタイミングだと思います。

一度始めてしまえば、事業をやっていると、取引先や関係者などさまざまなしがらみができてどうしても撤退のタイミングを先延ばしにしがちです。

博打にはまっていく人のように、もう少しやれば事態が好転するかも知れない……と後から振り返ってみれば馬鹿だったと分かることでも、当事者であれば、なかなか自分からは止められないものです。

最初から基準が決まっていれば、

「私も続けたいんだけど、ルールで決まってるのでどうにも……」

と社長の私まで抗えない力として諦めることができます。

この制度ができてから、ルールに則ってさえいれば、いくらでも新規事業の立ち上げの〝数〟を増やすことが可能になったのです。

この制度はシンプルで、「1年半で黒字化しないと撤退」ということと「赤字の下限を決めている」という2本の柱から成り立っています。

これには、「1年半」という先行投資に期限を設け、「小さく生んで大きく育てる」という概念が盛り込まれていたのです。

これまでの経験から、ネットビジネスは本当に環境変化が激しく、アイデアを思い立ってからスタートするまでに状況が様変わりすることがあります。当初は有望なビジネスプランであっても、数か月後にリリースする頃にはもう有望ではなくなっていることもよくあります。

その際に大型の予算を組んだプロジェクトであればあるほど、スタートするまでに時間がかかり、それが逆に失敗する確率を高めてしまうのです。

その考え方を制度に盛り込み、あえてスタート時の資金を小さくし、実績を上げながら追加投資をしていくという制度の在り方になっていたのです。

「買収に頼らず、事業は自分たちで創って伸ばす」

その方針を打ち出したからには、新規事業のアイデアがたくさん必要です。

アイデア探しには、社内の新規事業プランコンテスト「ジギョつく」、役員合宿の拡大版「あした会議」といった制度を作り、全社員の知恵を結集させました。

ネットビジネスの世界では、その気になればいくらでも新規事業の種が見つかるのです。

7

会社のビジョンやミッションが明文化され浸透し、今までなかったルールが決まり、人事制度や福利厚生を充実させて、社内の雰囲気はどんどん明るくなっていきました。

2005年には曽山哲人（現・取締役）が人事本部長に就任し、長く働ける環境作りはさらに加速していきました。

そして私が取材などで使い始めた「終身雇用を目指す」という言葉に勇気づけられたように、社員も落ち着いて「会社を良くしていこう」「新規事業を育てよう」と考えるようになっていきました。

やはり短期的な評価を求めて、短期的な見方しかできなければ、腰を据えて何かをゼロから創りあげるのは無理だったのでしょう。

そんな短期的な考えでは長く愛されるメディアができ上がらないのも当たり前だったのかも知れません。

そんなことはまだ当時の私には見えていませんでした。

それでも、会社経営は一本筋が通った感じがして、組織作りがずいぶんと楽になりました。


インターネットビジネスは、誰も経験したことのない分野です。

過去の経験が必ずしも活きないのは、個人の仕事のやり方だけではありませんでした。

会社経営においても、インターネットの時代に即した新しい組織を、自分たちの頭で考え抜いて作り上げる必要がありました。

既存の大企業であっても、ネットビジネスにおいては、今までの自社のやり方が簡単には通用せず、苦戦していました。

そんな様子を何度も見てきた私は、

「過去の常識をネット業界に持ち込んだら、逆に難しい」

という従来からあった思いに自信を深めていきました。

サイバーエージェントに基盤となる考えが固まり始めたと同時に、私の中に、経営者としてブレない軸が生まれたのもこの頃でした。

変化が激しい業界に身を置き、自分たちも変化し続けなければいけないからこそ、何より「軸」が必要でした。それを手に入れたのです。

私がリーダーとして自信をつけていった頃、既にサイバーエージェントの社員には〝素直でいいやつ〟が大多数を占めていました。大多数の社員がそうであったため、お互いに影響し合い、社風もそうなっていきました。

みんなが一生懸命働き、当事者意識が強く、経営者マインドを持っているのが、良さであり強みでもありました。

それは私が経営者として意図してそういう人材を多く集め、そのような空気感を作ってきた面もあるし、自然とそういう人が集まり、それが企業文化として根付いていった面もあります。

しかし、そういった明るい会社の顔は、実は広告代理部門に偏っていました。

当時の社内では、広告代理部門に優秀な社員が多く集まり、メディア部門にはなかなか行きたがりませんでした。

会社の使命は「メディア事業」を伸ばすことです。でも、会社はそれとは正反対の方向に進んでいました。

明るくなっていった社内の雰囲気とは裏腹に、私は心の奥で、ずっとジレンマを抱えていたのです。

8

会社の業績面では、2004年9月期の本決算で、通期では初めての黒字化を果たしました。

売上267億円に対し営業利益は17億円。

中長期計画で目指していた数字（売上300億円、営業利益30億円）には届きませんでしたが、誰も信じない無謀な数字だったことを考えれば、よく頑張ったと評価されてもいいかも知れません。

しかし、せっかくのめでたい黒字化にもかかわらず、私の心は晴れませんでした。

その業績を構成していたのは、主力の広告代理事業と、子会社のシーエー・モバイルを始めとする小さなメディア事業群でした。

サイバーエージェントの柱となる自社のメディアを持つという目標は全く達成されていなかったのです。

その年末の株主総会では、ようやく黒字化を報告できたにもかかわらず、賛辞というよりも、経営姿勢に対する批判の声のほうが多く飛び交いました。

「買収とか、もっと大胆に経営したらどうなんだ」

「来期の見通しが保守的すぎやしないか」

株主がその数字を物足りなく感じるには他にもわけがありました。

時代は再び激動期に入ろうとしていました。

ネットバブル崩壊後、〝無関心〟が続き閑散としていた株式市場は、急にネット関連企業への期待が高まり、にわかにネットバブルの再来を匂わせていたのです——。

第3章　追い風

1

　2002年、ソフトバンクの孫社長が突如としてヤフー！BBの圧倒的な低価格戦略を仕掛けました。

　それに追随を余儀なくされる形でNTTグループも大幅値下げ。

　日本のインターネットユーザーは安価でADSL回線を利用することが可能になり、国内の通信インフラ環境は、一気に成長を遂げました。

　このことは日本のIT産業の国際競争力を高めるうえでも非常に貢献度の大きな出来事になりました。

　時代はナローバンドから、快適なネット環境であるブロードバンドへと急速に移り変わっていったのです。

　インターネットでなかなかページが開かずに、

「ああ、重いなあ……」

　とぼやき続けなくてはいけなかった環境から、どんなページでもサクサクと開き、しかも同時にたくさんのページを開いていても大丈夫な環境に変貌し始めたのです。

言うまでもなく、インターネット上でコンテンツ、広告、ショッピングなどの事業を行う私たちのような会社にとっては大変な追い風です。

その翌年には、「Web 2.0」と呼ばれるネットサービスの新潮流が、にわかに日本のネット業界で話題になり始めました。

この「Web 2.0」というのは、アメリカから巻き起こった潮流で、それまでの情報の送り手（発信側）と受け取り手（受信側）が固定化され、情報の流れ方が一方的だった状態から、送り手と受け手が流動的で、誰もがウェブを通して情報を発信できるような変化のことを言いました。つまり、現在多くの人が楽しんでいるようなSNSやブログの登場です。

ナローバンドの時代はネットサーフィンをするのも遅くて不自由だったために、読み込みを必要としないメールを使ったサービスが主流でした。しかし、ブロードバンドに変わってウェブの回遊にストレスがなくなり、ユーザーのPV（ページビュー）数は格段に増えていったのです。

ユーザーに便利な利用環境が整ってきたことで、ネットの登場以来言われていた、インタ

―ネットがもたらす革新的社会の実現が徐々に現実味を帯びてきました。

2000年前後のネットバブルの頃に「IT革命」という言葉も生まれたほどに期待値が上がったものの、実際にはその頃のナローバンドの環境下では、ほとんど実体が伴わず、夢物語として、ネットバブルの崩壊とともに、投資家や経営者を落胆させていたのです。

しかし、ブロードバンドの普及と Web 2.0 の潮流の中で、またもネット業界に対して期待の息吹が芽生えてきました。

本当にインターネットが世界を変えるかも知れない……。

そして、厳しい経済環境の救世主として、新しい産業であるインターネット業界は大きく成長するかも知れない……。

そんな期待がにわかに高まってきたのです。

ネットバブルの崩壊ではあんなに痛い目に遭って、あんなに怒っていたのに、結局みんな忘れっぽいのかも知れません。

アメリカの株式市場でネット関連株が軒並み高値をつけて、それを見た日本の株式市場でもネット関連の企業の株価が上昇してきました。新聞や雑誌は、Web 2.0 を題材とした特集を組み、話題先行でまた株価が上がっていきました。

ネット業界が少しずつ盛り上がり始めた頃、サイバーエージェントの社内でも変化が起き始めました。

社員の中でも新しいもの好きな者が社内で私を呼び止めて、

「今アメリカでこういうビジネスモデルが出てきていて――」

という話をする機会が増えてきたのです。

今でこそ、ツイッターやフェイスブックが流行って、情報が世界中に同時間的に拡散してしまうので、情報は持っていて当たり前の時代になりました。でも、その当時はどんな情報を持っているのかが非常に大事で、海外の最新情報を知っていることはその社員の価値だったのです。そしてそのような人たちが、感度が鋭くて優秀だと言われていました。

実はネットバブルの頃も、海外の事例をいち早くキャッチして話す人が増えていたのです。

こういうアンテナを張っている人が注目され始めたのも久しぶりでした。

まさにじわじわと時代が盛り上がってきている予感。

そして株式市場は、またもやバブルの予兆を思わせる事態に突入していきました。

一方、日本国内のネットビジネスの競争環境は、すっかり和らいでいました。和らいだというよりほぼ無風状態と言ったほうがよいかも知れません。

一時は玉石混交と言われるほどに多くの企業がネットビジネスに参入し、さまざまな分野で熾烈《しれつ》な競争を繰り広げていた時期もありました。

しかし、ネットバブルの崩壊とともに、多くのベンチャー企業は売却や廃業に追い込まれ、大企業のネット関連の新規事業熱もすっかり冷めきっていました。

一攫千金でネット業界になだれ込んできた人も、不況になるや否や、去っていきました。

なんとか生き残っていたネット企業も、長い冬の時代を通して、その多くは〝リビングデッド〟と呼ばれるような、生気が欠けているような状態でした。

業界としてはそんな状態だったのですが、なんとか残ったネット企業の経営者たちは、ネットバブルの真っ只中のようにいがみ合うことを止め、交友関係を広げていった時期でもありました。

ネットバブルの頃には、お互いに忙し過ぎて会うこともないまま、マスコミの報道や噂などで他の経営者の発言を見聞きし、誤解したり怒ったりする人が多くいました。

それがこの時期にはすっかり報道もされなくなって誤解の種が消えていき、話題にもならないので人伝《ひとづて》で不愉快な噂を聞くこともなくなっていました。

そして、実際会ってみたら、（なんだ案外良い人じゃないか……）ということがしばしばありました。

また皆が一様に激しいバッシングを受けたこともあり、お互いの気持ちが分かるようになっていたこともあります。まさに競合同士も一時休戦モードでした。

そして、経営者を結びつける共通の趣味としてゴルフが流行りだしたのです。

私も会社経営を短期的な目で捉えることなく、腰を落ち着けて経営をしようと思い始めていた時期でした。

創業以来ずっと走り続けてきたものの、いつもピリピリした緊張状態でいることは精神的に持たないのではないか。そんな思いから、三木谷社長と奥様と3人で食事をした際に、

「なにか仕事以外に趣味を持ちたいと考えているのですが……」

と相談してみたところ、

「乗馬か、ワインか、ゴルフかな」

と3つの候補を挙げてくれたのです。

(乗馬!?)

さすがに乗馬はどこで馬に乗れるのか想像もできませんでしたが、その中で一番現実的だと思えたのがゴルフでした。

社会に出た頃は、「ゴルフをやる社長というのはありきたりで嫌だなぁ」と思っていました。でも実際やってみたら、さすがに皆がハマるだけあって、ゴルフはビジネスマンが趣味にするには実によくできたスポーツでした。

そして、私はゴルフにはまっていくのですが、ネット業界の経営者たちも同じ頃にゴルフを始め、初めて顔を合わせる機会がゴルフ、という例が増えていったのです。

少しずつ明るさを取り戻していく業界、そしてまたバブルの様相を呈してきた市場——。

その中で、再スタートのラインに立つ準備ができている会社は、結局は以前と同じような顔ぶれでした。つまり生き残った者は残存者利益を享受できる状態だったのです。

そんな時代の風をキャッチしたかのように、一躍時代の寵児のようにマスコミに登場したのが、私の長年の友人であるライブドアの堀江貴文さんでした。

２００４年6月。

堀江さんが突然、近鉄球団の買収を通じてプロ野球参入を発表しました。

私は朝の日課である、自宅に届くスポーツ新聞の1面を見て、ドキッとしました。

その大見出しには、

「31歳ＩＴ社長、近鉄球団買収を発表」

とあったのです。

その当時、私は女優とおつきあいしていたため「31歳ＩＴ社長」という見出しで、よく写真週刊誌やスポーツ新聞に登場していました、そのせいで、反射的に「うわ、またおれか!?」と思ってしまったのです。その時の年齢も堀江さんと同じでした。

最初こそびっくりしたものの、記事をよく読んで、またびっくりしました。

近鉄球団はオリックスと合併することでおおよそ話がついていたのです。そこに買収を仕掛けるという奇想天外な発想に、その日から報道はライブドア堀江さんの話題一色になりました。

堀江さんとは長いつきあいをしてきたのですが、何かというとよくマスコミに取り上げられていた私に比べて、それまでの堀江さんは地味な取り上げられ方しかされていませんでした。たとえば、私が1ページで取り上げられる特集記事でも、堀江さんは半ページというような扱いだったのです。

だからこういった派手な取り上げられ方をしたのは、これが最初だったと思います。

その当時、誰も気には留めていませんでしたが、堀江さんはその半年前にライブドアを買収し、社名を「ライブドア」に変更し、ポータル事業に新規参入していたのです。

堀江さんもまた、私と同様に「メディア事業」を立ち上げたいと画策していたのでした。

結果として堀江さんのプロ野球参入は実現しませんでしたが、代わりにソフトバンクと楽天が新規に参入できました。

プロ野球のエスタブリッシュメントなオーナー会から見れば、当時Tシャツ社長などと呼ばれていた堀江さんに比べて、孫社長や三木谷社長はスーツを着ていて、比較してみれば、とてもしっかりした経済人に見えたのでしょう。

最初に堀江さんが果敢に手を挙げて比較対象として現れなければ、楽天やソフトバンクにとってもプロ野球参入は容易ではなかったと思います。

マスコミでも大変な騒ぎになったその一連のプロ野球参入騒動が終わった頃、当時開かれた私との食事会の場で、堀江さんが意味深なことを言っていました。

「名乗りを上げるのはただ（無料）。これは発見だったよ」

これが転換点となり、堀江さんは一気にスピードを加速させていくのです。

3

堀江さんと私とのつきあいは1998年にまで遡ります。

その年に創業してわずか半年の私は、初めて自分たちの「メディア事業」と呼べる「サイバークリック」を企画し、当時オン・ザ・エッヂの堀江さんにシステム開発を依頼しました。

堀江さんと意気投合したこともあり、単なるシステム受発注の関係ではなく、共同事業として「サイバークリック」を運営していくことにしました。

サイバーエージェントとオン・ザ・エッヂの共同事業は、お互いの足りないところを上手に補い合うようにうまくいきました。

その後、メルマガスタンド「クリックインカム」（のちに「メルマ」に改名）も立ち上げ、立て続けにヒットし、堀江さんとは二人三脚で事業を拡大していきました。私が営業を担当し、堀江さんが技術を担当するという間柄でした。

その頃、二人で行う事業は次から次に成功を収めていました。ネット証券会社をやろうかというアイデアもあったし、海外で事業を興そうということでスペインに支社を一緒に設立したりもしました。

そしてその「サイバークリック」をもって、サイバーエージェントは上場を果たしていくのです。

わたしたちの最初のメディアである「サイバークリック」は、実は後発のサービスだったのですが、先にサービスを開始していた会社を追い上げることに成功していました。

そんな成功体験から、

「俺たちだったら、後から始めても追いつける」

という過信も芽生えていました。

また、これは堀江さんの気質なのでしょうが、大きなことをよく言っていて、

「ヤフーにも余裕で追いつけるよ」

と本気で言っていた時期もありました。

そんな仲だった私たちも、お互い会社の上場を果たし、それ以降は資金力もついて、それぞれが自社で技術部門、営業部門を抱え、徐々に提携関係を解消して独自の道を歩むようになりました。

そんなふうにして、堀江さんとは良きパートナーであり、同世代の経営者の良きライバルとして共に切磋琢磨してやってきた関係でした。

堀江さんと私はさまざまな事業を一緒に立ち上げたのですが、その中に、

「あれ悔しいよな……」

「もっとちゃんとやっておけばよかったね……」

そんなふうに思い出しては悔しがる事業があります。

1999年に立ち上げたポータルサイト「あるあるネット」がそれです。

広告代理事業から私が脱却したかったのと同様に、堀江さんも請負制作事業から脱却したいと考えていました。

ヤフージャパンの高収益をよく知っていた私たちは自分たちでも独自の検索エンジンが作れると考え、当時は日本で初の検索結果広告を採用した「あるあるネット」をリリースしたのです。

これは可愛い犬をキャラクターに設定し、検索の案内犬として置いているサービスでした。デザインも可愛らしく馴染みやすいサイトだった、と今でも思っています。

ただ、デザインは可愛かったのですが、サービスがいまいちでした。

本来であれば事業を大きく育てるためにスタッフの人数を割いたり、私も堀江さんもこの事業に集中してサービスの精度を上げるべきだったと思います。

そうすれば、メディア企業になるうえで、タイミング的にもまたとない大きなチャンスだった可能性があったのです。

しかし堀江さんは移り気でした。

数人の社員を配置しただけで満足したように、堀江さんは他の事業に関心を移してしまったのです。

私のほうも結局同じでした。

最初のうちは、この事業の営業に力を入れていたので、堀江さんにもっと開発に力を入れてほしいと要望していました。しかし、メディア事業の品質の重要性について当時はちゃんと理解できていませんでした。

だから堀江さんが力を入れないなら仕方ないと、私もまた、この事業に集中しきれず、他にもたくさんあった事業アイデアのほうに関心を移してしまったのです。

結果的に「あるあるネット」は、リリース時こそ多くのメディアで取り上げていただいて、大変な話題になったのですが、その後の運営体制が追い付かず、なんとも中途半端な形のまま終わってしまいました。

あの時期、もっと「あるあるネット」に資金と人を投入して自分たちも集中していれば、今頃大規模なポータルサイトを持てていたかも知れません。

ただその一方で、当時、二人でこんな話もしていました。

「ヤフーと同じものが作れても、知名度が追いつけないいんだよなぁ……」

「ここまで有名になっちゃうとね……」

「知名度」。

それがインターネットメディアにとってどれだけ重要かを私と堀江さんは骨身に沁みて知っていました。

高い知名度はアクセス数を増やし、コンテンツや決済などに対するユーザーの信頼度に繋がります。

その頃、笑い話のように言われたことですが、世の中にはヤフーがインターネットだと思っている人が結構いたのです。

それほどヤフーの知名度は圧倒的でした。

仮に同じクオリティのサービスを作り上げることができたとしても、もしくはクオリティで少し上回るサービスが作れたとしても、インターネットは頭に浮かんだサイトに自分からアクセスするので、ユーザーのほとんどは知名度が高いほうに行ってしまう。一度知名度で先行されてしまうと、相当内容的に上回るものを作らない限りは、追いつけないのが実情です。

知名度を上げること。

堀江さんが、ライブドア社を買収したのもそれが目的でした。

私が知り合った頃、堀江さんの会社はオン・ザ・エッヂという名前でした。会社の知名度をどうしても上げたかった堀江さんは、TVCMをかなり流していた無料プロバイダーのライブドアを買収し、自らの社名を買収した社名のライブドアに変更したのです。

当時、堀江さんは言っていました。

「事業は買っても仕方がないようなものだけど、これだけCMをやっている会社だったら買う価値がある。この名前を買ったんだ」

だからプロ野球参入を通じてテレビや新聞報道で「ライブドア」「ライブドア」と連呼されていた体験を通じて、かつて堀江さんが言っていた「名乗りを上げるのは無料なんだ」という言葉の意味を、私ははっきりと理解していました。

一円も使うことなく社名を全国に知らしめることができたのです。

プロ野球に参入できれば抜群に知名度が上がるのはもちろんですが、買えなかったとしても得をする。最初こそ奇想天外な発想に思えた行動でしたが、堀江さんはどちらに転んでも負けない、賢い勝負をしていたのです。

そしてその後、私の予想を遥かに上回る勢いで、堀江さんは近鉄球団の一件を皮切りにぐんぐんと頭角を現していきました——。

4

ネットバブルの再来のように、多くのネット企業の株価は高値をつけ始めました。

それに歩調を合わせるように、ライブドアの株価もあれよあれよという間に高騰していきました。

彼らの当時の主力事業はまだ請負の制作事業。なぜそんなにも株価が上がるのか、私は不思議な気分で見ていました。

そのうちにサイバーエージェントの株価も上がってきました。

株式市場の地合いの良さと相まって、当然、黒字化していくことを見越しての株価上昇という理由もあったのでしょう。

そして株価上昇に伴い、メディアからの注目度も急に上がり始め、私に対する取材の依頼も再び増えてきました。

ネットバブルの頃も、ビットバレーの起業家として注目を浴びたり、史上最年少の上場社長として多くの取材を受けました。

しかし、この時期の報道は、かつてと比べて1ランク上の扱いをされているようでした。

長くバッシングされたり、無関心な状態が続いていた「起業家」という職業に対する印象が様変わりしていったと言えるでしょうか。世間の扱いから受ける印象は、職業のステータスが急上昇しているようでした。

再び多くの若者が、起業家を目指すような社会に移り変わっていくような手ごたえも感じていました。

起業家という仕事の社会的ステータスが上がったことや、堀江さんや私のような30歳くらいの経営者が脚光を浴びたことで、起業家という職業を目指す若者が増えていったのだと思います。

その意味では、意義のある出来事でした。


実際、私の生活も変化しました。

それまで縁がなかったような異業種の著名人と会食したり対談したりする機会が多くなり、華やかな交友関係が増えていきました。

またそれまではビジネス誌や業界誌が主だったマスコミからの取材も、ファッション誌などからも依頼が来るようになってきました。私はベストドレッサー賞、ベストメガネドレッサー賞などを受賞し、注目のされ方が変わっていったのです。

私が学生時代の頃の起業家は、青年実業家と呼ばれて、ちょっと胡散臭かったり、テレビで豪邸や高級車を取材されて、実際には茶化されているというイメージがありました。

でも起業家という職業自体が若者にとって憧れの対象にならなければ、日本社会で起業する人の数を増やすことはできないとずっと感じていました。私自身も、実際に起業する前、起業家という職業に対しては、サッカー選手やミュージシャンに憧れるような感覚は持てませんでした。

優秀な若い人が停滞した大企業で埋もれるのではなく、たくさん起業に挑戦して、この国に新しい産業を生み出していかなければ、経済を成長させていくことができません。世界からも置いていかれてしまいます。

その点に限って言えば、自分が良い形でマスコミに取り上げられ、良いイメージで起業家という職業に注目が集まっていくことには、当時は自分なりの社会的な使命感を抱いていたのです。

そしてこの少し後には、「ヒルズ族」という言葉が登場しました。

六本木ヒルズに本社を置く企業の代表者を指すこの言葉は、若くして成功したベンチャー経営者の代名詞のように使われていました。

サイバーエージェントの本社は渋谷でしたが、私の住居が当時六本木ヒルズであったため、ヒルズ族の一員として、私もしっかり名前が挙がっていました。

使われ始めた頃は、勢いがある新興企業の起業家を指す言葉だったような気がしますが、残念ながら、その後は度重なるヒルズ界隈で起きた不祥事によってイメージが悪化していきました。

それでも起業家の世間におけるポジションは確実に向上し、常に注目されるようになりました。

なんとなく2000年頃にビットバレー企業として注目を浴びた時と同じ感じも覚えました。

「社長がメディアに出てもろくなことがないよ」

そんなふうに言う人がいました。

でも、メディア事業を立ち上げるためには会社の知名度を上げなければなりません。それに追い風が吹いている時期にブームに乗っていないリスクのほうを避けるべきだと考えていました。

「メディアに出ると後から叩かれるよ」

そんなふうに言う人もいました。

メディアに派手に露出し注目されれば、その分後で叩かれる。もちろん、それは過去の経験から身を以て十分に知っていました。

でも、それは対価を得る代償である。そう考えることにしようと心に決めました。

5

株価が高騰し、メディアからの注目も高まると、採用環境も好転し始めました。

ブロードバンドの普及の追い風もあって事業も伸びて、皆が忙しくなっていました。新しい事業の話も次々と舞い込み、一刻も早く人を増やしたい状況です。

その前年から中途採用を控え、幹部クラスを外部から採用しないと決めていたサイバーエージェントは、この時期でも即戦力ではなく、時間のかかる新卒をメインに採用活動をしていました。

ネットバブル時の経験を通じて、株価が高騰しているからと言って、ストックオプションなどの金で釣って入ってきた人材は、結局は金で去っていくのは分かっていました。中長期で経営をしているのに、そんな組織では脆《もろ》いと考えたのです。

その年の新卒採用活動では、世間の追い風も手伝って、それまで以上に鼻息の荒い（ガッツ溢れる）優秀な人材がたくさん確保できました。

しかし、彼らが実際に入社するのはそれから1年以上後の2006年です。そしてその活躍を期待するには、さらにあと2年くらいは待たなくてはならなかったのですが……。

そんな私たちの姿勢を見て、

「新卒を社内で育てる意味が全く理解できない」

堀江さんは、そうはっきり言い切っていました。

ライブドアは即戦力を求め、会社が用意した舞台で、稼いだ人が十分な対価を得られる大胆なインセンティブ制度を設けていました。

頻繁に買収するカルチャー、外部人材の幹部クラス登用、即戦力メインの採用、高額のインセンティブ……。

我々とは見事に真逆のやり方ですが、それはそれでライブドアは一本筋が通った経営スタイルだったと思います。社員のやる気も存分に引き出していました。

ただ唯一、社内のモラル管理のリスクの大きさだけは見誤っていたのかも知れません。

6

ライブドアは自社の株価の高騰をうまく利用して、次々と買収を仕掛けていました。

ソフトウェア会社に、決済会社、技術カンパニーである彼らならではの会社を着々と傘下に収めて業容を拡大していきました。

つまり自社のビジネスに近いもの、買った後に本業にシナジー効果が出そうなジャンルを買収していったのです。1＋1が2ではなく、3にも4にもなりそうな企業です。

当時の株式市場は買収を発表すれば好反応でさらに株価が上がりました。

ライブドアは高株価の期待に応えるように買収し、また評価を高め、その期待に応えるように繰り返し業容を拡大していきます。その姿を目の当たりにしても、我々はただ指をくわえて見ているほかありませんでした。

我々は「大型買収をしない」という方針を打ち出したばかり。自社の株価が上がっていても身動きが取れず、焦りが募っていきました。

そんな私の焦りを見通したかのように、投資家からは、

「サイバーエージェントも積極的に買収しろ」

「なんで拡大路線を採らないんだ」

と会社の方針を非難する声がたくさんありました。罵声に近かったかも知れません。

買収を発表するだけで、その会社の株価が上がる時代です。

投資家からすれば、自分たちが投資した金が増えるチャンスなのに、サイバーエージェントの経営陣は動かない。

その時の投資家からすると不可解だったと思います。それどころか、無能経営者だと思われていたのかも知れません。

しかし、現実は投資家が考えるほど単純ではありませんでした。

サイバーエージェントが買収しないほうが正しいと考えるに至った理由は前述の通りです。それに加えて、ネットビジネスは確かに成長産業ではありましたが、ネットバブルは発生からわずか1年で終わりました。その後の厳しい環境の中で育っていたような企業は非常に少なかったのです。ましてや、私たちが望むメディア企業は、外部にもほとんど育っていませんでした。

つまり、買うべき会社などなかったのです。

今でこそ当時を振り返って、

「欲しい企業や事業がなかった」

と言えば多少は説得力があるかも知れません。

しかし、その当時の株式市場からの期待を肌で感じていた身としては、果たして本当にその方針が正しいのか、確たる自信を持つのは難しい状況にありました。もしかしたら、自分が間違っているのかも知れません。

しかし、私は不安を振り払い、基本的には買収せず、自力で事業を育てる方針を貫くことにしました。

市場経済では、「市場の評価は常に正しい」という考え方があります。

その意味では、この時期、買収を行うと市場に評価され株価が上がり経営者として正しいということで評価が上がります。逆に、せっかくのチャンスに動きがなければ短期的ではありますが、評価が下がります。

（本業に影響のない範囲の小さい買収を試してみようかな……）

（小さい買収は本当に意味がない。やるなら思い切ってやらなければ……）

（大型の買収をやれば、大事なものを失いそうだ）

そんなふうに焦りと迷いが交錯し、眠れない日もありました。

経営者の戦略の正しさは歴史に証明してもらうしかありません。

それでも久しぶりに来たネットビジネスへの大きな波には乗っていかないと置いて行かれてしまいます。

そんな焦燥感を、リーダーである私が社員に見せるわけにはいきません。

私は自分の迷いを振り切るように、大型の買収をやらない理由を自分のブログに書いて説明し、社内外に対して改めて方針を伝えました。

買収の誘惑に駆られるのは、昼間だけではありませんでした。

夜の会食や飲み会の場で、経営者仲間で飲んでいるときも、この時期は買収の話が盛んに飛び交っていました。

「この間うちが買った○○社、たった100億円だよ」

「株式交換で買えば無料みたいなもんだよ。今の時期やらない手はないね」

「藤田くんとこも、○○社買えばいいじゃん」

そんな話が飛び交う中にいると、数字の感覚がおかしくなりそうでした。

仲間の経営者たちと比べて、自分が格下になってしまったようにも感じました。

(自分は経営者としての器が小さいのではないだろうか)

そんな卑屈な思いを抱いたこともありました。

買収をせず自分たちで事業を創って伸ばす。その方針が正しいかどうかすら分からない中、心を揺さぶられないようにするだけで精いっぱい。

そんな心もとない心情は、社員はもちろん経営者仲間も、誰とも分かち合うことはできませんでした。

ライブドアや楽天が買収を重ねて注目されていくうちに、今度はそれと真逆の方針を貫くサイバーエージェントの経営が珍しがられてマスコミから注目を集めました。

「当社は大型の買収は考えていません」

「自分たちでゼロから創って伸ばす方針です」

一見、当たり前のことを言っているだけに見えますが、この頃は堅実だと評価を受けたり、逆に臆病だと言われたりしていたものです。

思い返してみると、この頃にたくさん取材を受け、その取材の最中に明言することでぼんやりとしていた方針がはっきりと固まっていき、多くのマスコミに、繰り返し同じことを言い続けたことが、

「やっぱり私たちも買収することにしました」

と言い出せない空気を作ってしまっていたことも、買収したい気持ちにブレーキをかけてくれていたのだと思います。

ただし、「買収しません」と宣言をしたことで実質的な機会損失も発生しました。

当社に持ち込まれる買収案件が極端に減ってしまったのです。

売却先を探す相手は通常、情報漏れに細心の注意を払いながら、相手先を何社か可能性の高いところに絞り込んで秘密裡に交渉を進めます。売却を検討していることが世に知れ渡ってしまうとそれ自体が、その会社の信用リスクに関わるからです。

サイバーエージェントは買収しない方針とはいえ、キャッシュ（現金）は存分にある会社です。万が一、申し分ない条件の案件があればいつでも検討するつもりでした。

しかし、サイバーエージェントは買収しないという方針だけが世の中に伝わっていました。当然のように、買ってくれる可能性が低い当社にわざわざ持ち込む理由はなく、それと同時にどういった会社が売りに出されているかという情報が手に入りにくくなってきました。

どの会社が売りに出ていて、それをどの会社が買うかによって、市場の勢力図が変わり、競争環境が激変することすらあるでしょう。それを事前に知っていれば打てた手も、情報がないばかりに後手に回ってしまう。

同業界の会社が買収を発表した時に、初めて報道で知って、「寝耳に水」という状態は恥ずかしいものです。それでは経営者の情報収集不足と言われても仕方がありません。

しかし、買収案件は我々の会社を素通りし、積極姿勢の楽天やライブドアにさらに多くの情報が集中するようになっていくのでした。

7

第2次ネットバブルともいえる株式市場の活況で、各社の買収合戦はさらに激しさを増していきました。

楽天やライブドアだけでなく、主力のネット企業は競うように買収を繰り返していました。ＵＳＥＮは映画会社ギャガの買収などを通じてエンターテイメント事業を強化、ＧＭＯは消費者金融のオリエント信販を買収して金融事業に参入、インデックスは海外の有力ＩＴ企業を相次ぎ買収していました。

株価が上がっている状況下では、自社の株を少し発行すれば市場から多額の資金を得ることが可能でした。そして、その得た資金で次の企業を買収できるのですから、株価が上がっている時の企業買収は、資金調達面などでとても簡単なのです。

そして、当時は買収など積極姿勢を発表すれば、株価は上がりやすかった。つまり株主は株価が上がってハッピー。買収された会社は会社が高値で売れてハッピー。もちろん買収した会社も評価されてハッピーと、買収は関係者が皆オールハッピーの構図だったのです。

ただし、これは株価が上がっている局面に限ります。

株価が下がり始めれば、オールハッピーの正反対になります。

それは、想像するのも恐ろしい事態です。

ネットバブルを経験し、株価が儚《はかな》いものだと知っている経営者たちの思いは、株価が高騰しているうちにできる限りの手を打っておきたいということでした。

しかし、それはチキンレースの度胸試しのようでした。

多額の資金調達をした直後に、株価が下がり始めれば、株主が多額の損失を被って怒り、その後の経営は大変厳しい状況に追い込まれることになるのです……。


時は2004年。ネットビジネス関連の会社はようやくバブル崩壊の傷跡から回復してきたばかりです。ブロードバンド環境がネットビジネスを加速させると言っても、まだまだ一般家庭に徐々に普及している最中でした。

株式市場も、ネットビジネスの将来性を見直したとはいえ、赤字に対する拒絶反応からは抜け切れておらず、先行投資の赤字を許容する雰囲気ではありませんでした。

サイバーエージェントの方針として大型買収はしない、と言ってはいたものの、本当は良い企業があれば買いたかったし、開発にかかる時間をショートカットしたいという思いに揺れていました。

しかしながら、利益が出ているネット関連の優良企業を買収先候補として見つけるのは実質不可能だったのです。

ネット関連企業では、存在しなかったと言ってもいいと思います。

それでも高い株価をつけているうちになんとかしたい経営者は、本業とは無関係の企業の買収を始めました。

どんな企業を買収し始めたか？

ニューエコノミーと呼ばれてもてはやされていたネット企業が、オールドエコノミーと言われる古くからある会社の買収を始めたのです。

金融、不動産、通販、中古車販売まで、ありとあらゆる業種を買収する大義名分として、便利な言葉が生み出されました。

「ネットとリアルの融合」です。

高株価をつけて将来を期待される成長企業であるネット企業が、株価が低迷していて成長の見込みがないオールドエコノミーの会社を買収すれば、その会社がネットを使って成長企業に様変わりする。

そんな夢のような話をみんなが信じ始めました。

先輩経営者が次々と買収を行っていく姿を見ている私の中に、「危ういんじゃないかなあ」という気持ちと、「うまいなあ」という複雑な気持ちが交錯していました。

ネット企業と他業種の企業の融合が非常に難しいことは、皮膚感覚で知っていました。なぜなら社内でも、ネットバブルの頃に採用した多くの大企業出身者が、ネット企業の仕事のやり方に順応するのに随分苦戦していたからです。

そんな思いから、「我々は成長産業であるインターネットから軸足をずらさない」と自社のスタンスを発表し、行動規範としてトイレの壁にまで貼り出しました。

当時のサイバーエージェントは20代、30代ばかりの若者集団です。

既存の事業ではなく、ネットという新しい事業だからこそ強みを発揮できているけど、既存の事業ではとても太刀打ちできない。少し時代の風を受けて株価が上がっているからといって、思い違いをしてはいけない。

過信すると痛い目を見ることは、感覚としてよく分かっていました。しかし、自社の株価を強く意識していると、時価総額で追い抜けば、相手の会社が自分たちより格下に見えるものです。経営能力が低いから業績が伸ばせず株価が低いのではないか、そう思ってしまうのです。

実際には、短期的に株価で追い抜いたとしても、成熟して劇的に伸ばすことが難しい市場で、たくさんの熟練の経営者と優秀な社員が日々しのぎを削っている状況を、ネットの力で化けさせるようなことが簡単にできる筈がありません。

勇敢と傲慢《ごうまん》をはき違えてはいけません。下手に深入りすれば、長い歴史の中で複雑に絡み合った利害関係に巻き込まれて、脱け出すのに取り返しがつかないほどの労力と時間を要する泥沼に陥る可能性もあります。

一方で「うまいなぁ」と感じる面もありました。

売上が10億円しかないのに、将来への期待で1兆円の株価がついた、資産もなく割高なドットコム企業が、同じく資産もなく割高なドットコム企業を買収する。その結果、2兆円近い株価がつく企業が誕生。そしてバブル崩壊とともに全てが水泡に帰して何も残らなかったのが、ネットバブルの時代でした。

それよりは、今回の第2次ネットバブルのほうがましかも知れないとも思いました。

買収している会社の業種が全くネットと関係なくても、たとえまたバブルが弾けても土地や設備など確かな形ある資産が残りそうな会社を買収しようとしていたからです。

でも結局のところ、インターネットという新しい道具があるからこそ成功している若い経営者が、長い歴史のある会社を買収してもそちらに時間と労力を割いている時間はなかったと思います。

話題性があったので、ネットの市場は急激に伸びているように見えていたかも知れません。しかし、その時のネット産業の実情は、まだ畑を耕し種をまいて、じっくりと育てている最中だったのです。収穫の時はまだずっと先でした。

しかしながら、株式市場の期待は、実体経済の成長スピードを遥かに上回っていたのです。その期待の辻褄を合わせる業績を上げるためには、既に存在しているネットとは無関係の業種を足していくしかない。

株価の辻褄を合わせるような経営が危険なことは、ネットバブルの頃にとてつもなく痛い目を見た私にはよく分かっていました。

同じネットバブルをくぐり抜けてきましたが、堀江さんは違っていたのかも知れません。

私の会社と堀江さんの会社の上場時期はほんのわずかな違いですが、私は資金調達がぎりぎり間に合いました。しかし、堀江さんが上場した時には、ネットバブルが弾けた直後で、株価はどんどん下がっている最中でした。なかなか思うように資金調達ができなかった時だったのです。

その経緯の違いが私たちのスタンスを大きく分けていったのかも知れません。

8

しかしながら、それがもう成長の見込みが少ないオールドエコノミーでの売上と利益であっても、買収すれば、その分の数字がプラスされ、成長企業であるネット企業の見かけの業績が大きく増えます。

連結すれば、それはあたかも将来有望なネット企業の業績が伸びたように見えるのです。

それでライブドアや、その手法を真似た他のネット企業は、株価をさらに高騰させていきました。

特に大きな数字を作ったのは金融事業です。

ネット証券などが実際に業績を伸ばしていたネット業界では、金融事業はネットと相性が良いとされていました。

銀行、生保、損保、クレジットカード、消費者金融と、各社が次々に買収を通じて金融事業に参入していきました。金融が利益を出した時の額には莫大なインパクトがあり、とてもネットビジネスだけで追いつける規模ではありませんでした。

ちなみに2004年9月期のサイバーエージェントの売上は267億円で営業利益が17億円。ライブドアが308億円の売上で、営業利益が56億円。この時期、初めて売上規模でもライブドアに抜かれたのです。そして、売上308億円の半分が金融関連でした。ライブドアは、買収を重ねていつの間にか金融会社になっていたのです。


さすがにそれには私も焦りました。

サイバーエージェントの中では、FX事業を立ち上げた専務の西條晋一が唯一、金融事業を担当している役員でした。

「西條君、もっとうちも金融やろうよ」

そんな私の意向もあって、銀行や消費者金融などの事業への参入を検討していた時期もありました。しかし、どれも我々の手に負えるようなビジネスではありませんでした。

何より、社内に金融をやりたがる人材がほとんどいませんでした。

「利益を出すのは好きだけど、金融は……」

西條までもがそんなことを言い始めました。

仕方なく、自分で金融業を担当して本格的にやろうかとも考えました。しかし、まだメディア事業もろくに育てられていないのに、そんなことは不可能でした。

結局は企業カルチャーにも合わないと判断し、金融事業への本格参入は踏みとどまりました。

9

ライブドアとは良きライバルでしたが、上場した時期も、売上規模も、従業員数も、メディアからの注目度も、我々がいつも少しリードしていたような感覚でした。

しかし、ライブドアの一連のM&Aによって、あっという間に株価も業績も全て追い抜かれてしまいました。

ライブドアと堀江さんの世間からの注目度はさらに勢いを増していました。

ある日、某雑誌の編集部から堀江さんと私の対談取材の企画が申し込まれました。広報を通じてきたその話に、

「堀江さんでしょ？　もちろんいいよ」

と私は答えたのですが、ライブドア広報からの返事は、

「堀江は今、孫社長、三木谷社長クラスと並びでなければ出ません」

というお断りの返事でした。

それまで〝自分の格〟といったことには気を遣うこともなかった私ですが、さすがにムッとしました。

話を持ってきた広報担当者も悔しそうな顔をしていました。

後日、堀江さんにその話をすると、

「俺はそれ知らないよ〜」

と笑って謝られましたが、ライブドア広報としては正しい対応だったのかも知れません。

社長の格を上げていくことは、会社の格を上げていくこと、そしてその会社が提供しているサービスがすごいものだと見せることにも繋がります。

会社の知名度を上げ、ユーザーからの信頼を得ていく過程において、「孫社長、三木谷社長クラス」と一緒に出られるような経営者という印象を一般に広めていくことは企業にとって非常に有益なのです。

その頃からネット企業と言えば、「ヤフー　楽天　ライブドア」と言われ始めました。

これもライブドア広報の大手柄だと思います。

正直に言えば、その2社と並ぶほどの規模でもサービスでも全然なかったのがライブドアの内実だったのですが、堀江さんの知名度に世間が誤解してユーザーが集まってきているうちに、サービスを立派にすることができさえすればいいのです。

私自身も、世の中に誤解されているうちになんとかしてきた経験があります。それだけに、この誤解がライブドアにさらに引き離されるきっかけになるんじゃないか。

そんな恐れが心の奥にあったのかも知れませんが、初めて同世代の経営者に嫉妬心を抱いたのもその頃です。

私が史上最年少上場社長などともてはやされた時に、私のことを叩いていた人の多くが、実績が私とさほど変わらない起業家の人でした。

（どうして同業者が叩くんだろう……）

そんなふうに思っていましたが、同じような業績なのに、堀江さんがさも別格のように世の中で扱われていくのを見て、他人に焼き餅を焼く気持ちがやっと分かったのです。

「この間まで一緒だったくせに」

「実績もないのにすごそうに見せてる」

「売上もないのにあるように見せてる」

こんな思いが嫉妬させるのでしょう。

孫社長や三木谷社長は、大先輩だし焼き餅を焼く気にもなりません。でも堀江さんは違う。同世代だし実績も同じようなものなのに。

しかし、嫉妬してみたところでなんの足しにもなりません。

私は起業してから初めて、同世代のライバル経営者に引き離され、置いて行かれるような感覚を味わいました。

10

毎週木曜日の昼食を挟んで開かれるサイバーエージェントの役員会では、決算期のたびにライブドアの決算数字が話題になっていました。

「この決算の数字、どうしたらこうなるんだろう？」

「なんでこんなに利益が出るんだ？」

「とはいえどこまで行くんだろう……」

「思ったより行くよね」

ライブドアが買収を行う会社がすぐに利益を出すことに疑問を抱きながら実情が分からない私たちの間で、そんな会話が交わされていたのです。

我々が、自社の業績が悪化することを理由に見送った買収案件まで取り込んで、それでも好決算を維持し続けているライブドアの経営が私にはどうしても理解できずに焦りました。自分たちは信念を持って自分たちの経営を貫いているつもりでしたが、もしかしたら、単に我々の経営能力が低いだけなのかも知れない。そんなコンプレックスさえ抱き始めていました。

株価を上げ、話題を作り誤解されているうちに大急ぎで実体を伴わせていく作戦のライブドア。「ヤフー　楽天　ライブドア」と言われ、業界内では最初のうちは笑われていたような言葉が、いよいよ現実味を帯びてくるギリギリのところまでライブドアが来ているような気がしてきました。

実際に、世の中やマスコミが勘違いしているうちに、彼らは猛烈に頑張っていました。勘違いが現実になってしまったら、ものすごい勢いで成長されたということになってしまいます。そこがやっぱり怖かったのです。

我々が慎重にやっている間に勝負が決まるかもしれない……。

実体がないけど良く見える。それは、「良く見せよう、良く見せよう」と懸命にやっていたからだと思います。その「良く見える時間」が長くなっていくと、名実ともになっていく瞬間が現れる。そこに関して不安を覚えていたのです。

11

2005年2月、ライブドアがニッポン放送の発行済み株式の35％を取得し、フジテレビに対する事実上の敵対的買収に乗り出しました。

私は出社した後、日課になっている「ヤフー！ファイナンス」をデスクのパソコンで見ようとしていました。

朝9時に株式市場が始まったら、サイバーエージェントの株価の値動きをチェックするためです。

その画面上に速報で、

「ライブドアがニッポン放送株を×％取得」

という文字が躍りました。

（え？　何だこれ？）

ニュースを開くたびに取得株数が瞬く間に増加していきます。

（え？　堀江さん、何やってんだ？）

その時に抱いたのは、買収のニュースを見ているというよりも、何か大きな経済事件のニュースを見ているような感覚でした。


その日からテレビや新聞、そしてネット業界も、この話題で持ち切りになりました。

「想定の範囲内」とか「将棋で言えば詰んでいる状態」などといった堀江さんの挑発的なセリフが話題にもなり、この買収劇についての議論が活発に行われるようになっていきました。

ＩＴ企業がテレビ局に買収を仕掛けたということで、しだいに「通信と放送の融合」が論点になっていき、私にもたびたび取材が来るようになりました。

「藤田社長は通信と放送の融合についてどうお考えですか？」

という問いに対して私は、

「インターネットとテレビは全く別のメディアであって、融合することはないと思います」

と繰り返し持論を述べていました。

しかし、本当の意味で買収の目的を聞きたいならば、その議論自体が意味のないものだったかも知れません。

私には堀江さんが買収を仕掛けた理由が瞬時に理解できました。

インターネット上で最も収益性が高く影響力を持つメディア事業を行ううえで、「知名度」がどれだけ重要かということを知っていた立場からすると、テレビの影響力は依然として絶大でした。それはネット事業を行ううえでは何よりの魅力なのです。

テレビ番組で紹介されたサイトのアクセス数が爆発的に跳ね上がったり、eコマースの商品の売上が急増したりといった経験をしたことは、私も一度や二度ではありませんでした。

私も堀江さんも、ヤフー！のようなメディアを創りたかった人間です。知名度の面ではそれが唯一の逆転できる方法に映ったとしても無理はありません。

数年後に堀江さんが著書『徹底抗戦』で自ら書いていた通り、「番組にライブドアのURLを貼りたかった。ただそれだけ」というのが本音だったのでしょう。

もしかしたら、痛いほど堀江さんの狙いが理解できたのは、その時私だけだったかも知れません。

インターネットの黎明《れいめい》期ならば、日本のテレビ局はポータルサイトを作る実力があったと思います。「あるあるネット」を諦めた時に知名度の重要さを私たちは思い知ったのですが、あの時期ならば、知名度を上げてアクセスを集める能力のある会社ならば、後から巻き返せたのではないでしょうか。もちろん、電波法などがあるので実際にはどこまで実現可能なのかは分かりませんが。

堀江さんは自分が起業した会社の名前をライブドアに変えてまでも、メディア企業に変身し、知名度を上げに行っていたほどの人です。株価が上がっているうちに何とかしたいと思っていたのでしょう。

ただ、この敵対的買収は堀江さんにとっても、ネット業界にとっても、大きな折り返し地点のような出来事となっていきました。

思いもよらず、世の中の関心は「会社は誰のものか」というもっと大きなテーマの議論にまで発展していきました。

堀江さんはこの買収騒動の前に、リーマン・ブラザーズを引受先として、私には危険に映る社債を発行し、800億円を調達していました。ニッポン放送買収のための軍資金です。

彼らの年間の売上高は直近の決算で308億円でした。800億円というのは、利益ではなく、売上高をも遥かに上回る調達金額だったのです。

堀江さんは20代半ばに初めて出会った頃から、ネットの世界に止まらず、宇宙開発に関心を持ち、政治や社会、サイエンスに至るまで幅広く精通していて、とても広い視野の持ち主です。

頭の回転も速く、私は今まで堀江さんより頭が良い人に会ったことがない気がします。性格は強気で、小さなベンチャー企業を経営している実態とはかけ離れた、大きなことをよく語っていました。

起業したばかりで売上もほとんどないような時期から、

「ヤフーは抜ける」

などと大きなことをとんでもないタイミングで語り、私から見れば、

(こんな状況で、こんな相手によく言えるなあ)

と思って冷や冷やしたことも数え切れないほどありました。

しかし、そんな言動とは正反対に、実際にやっている事業は請負制作を始めとする、驚くほど手堅い事業ばかりでした。

決して過剰なリスクを負わず、転んでも生き残れる範囲までの勝負しかしていない印象でした。世間が過大評価をしていても、その状況を冷静に見定めながら、うまく乗りこなすことができる人でした。

だから、この800億円調達の話を聞いた時、今までの堀江さんとは違う、臆病さがさっぱりと消えたような変化を感じました。

たとえて言えば、糸が切れた凧を見ているような感覚に陥ったのです。

12

堀江さんも私と同様に、自社の軸となる「メディア事業」を立ち上げていました。それがポータルサイトのライブドアです。

アグレッシブに仕掛け続けるライブドアと、我々の差は開くばかりです。

買収で負けているばかりではなく、実際の事業展開でも彼らは迅速でした。

元々が技術の会社であるライブドアは、多くのサービスを自前のエンジニアがどんどん作り上げていく。

世の中の勢いに乗って社内が活気づいていることもあり、ポータルサイトの「ライブドア」の上に載せるショッピングやブログなど、新規のサービスを驚くべきスピード感で開発し、リリースしていきます。

さすがにこれには焦りました。

自社で創って伸ばすと宣言しているのに、自社開発にまで後れを取っていたのでは話にも何もなりません。

ライブドアに対してうちが開発のスピードで負けているのは、開発を完全に内製しきれていないからだと考えるようになりました。

「技術者大量採用のお知らせ」

そういったタイトルをつけ、3回にわたり私はブログに技術体制を強化する旨をクドクドと書いて、なりふり構わず技術者を集めることにしました。

その時のブログにはこう書いています。

「技術者を採用できないことは致命傷」

「当社にとって死活問題であり、もう待ったなしだ」

「さらってきてでも、必ずや採用します」

あえて刺激的なことをブログに書いて、自分が先頭に立って優秀な技術者を集め始めました。

そうは言っても開発体制を整えるにも時間がかかり、その間にも差はどんどん開いていきました。

当時、私がグループ経営に徹して、現場に口を出さないようにしていたのも悪いほうに影響しました。

トップダウンで現場と一緒に即座にアイデアを実行に移す堀江さんに対し、私は現場が掌握できるような明快な指示系統を当時は持っていませんでした。

ネット業界が注目を浴びた、華やかな時代。

私もその一人に見えたかも知れません、しかし実情は、何もかもが後手に回り、ただ焦りだけが募る一方でした。

13

同じ年の秋、堀江さんは衆議院議員選挙に立候補していました。

この頃には堀江さんとの接触頻度が減っていたこともあって、何が狙いで、何が正しく、何が正しくないのか、もう何がなんだかよく分からなくなりました。

堀江さんはテレビのクイズ番組のレギュラー解答者も務め、自社のテレビＣＭでは自らが出演していました。お台場まで堀江さんがマラソンする姿も中継されていました。

それらは全てライブドアの宣伝、知名度を上げるためであり、実際にライブドアの会員や収益が伸びていたことを考えると経営者の仕事としても説明がつきます。

堀江さんは、会社が莫大な広告宣伝費を使う代わりに、自らが広告塔となって獅子奮迅、話題作りに奔走していたのです。

ただ国会議員になってどうするつもりだったのかは、正直私にはよく分かりませんでした。

既に、単なる経営者という枠組みには収まらない人物になっていたのかも知れません。


その頃から株式市場も少しずつ変調をきたし始めていました。

ネットバブルの時と同様に、株式市場の期待に応えられなくなっていました。

期待されたブロードバンド環境やＳＮＳなどの Web 2.0 も、収穫の時を迎えるのはまだまだずっと先の話でした。

長く我慢することができれば、すべては静かに解決できたのかも知れません。

しかし、株式市場はいつものように気が短く、極端でした。

堀江さんが世間を席捲した2005年の年の瀬、巷では不穏な噂が広まっていました。

「ライブドアに強制捜査の噂があるよ」

「まさかね」

第4章　手痛い遅れ

1

少し前に遡って2004年の春。

ブログ事業の立ち上げにおいて、私は二つの重大なミスを犯しました。

一つは、自分でブログを書いていなかったこと。前年のマネージャー合宿でブログへの参入が決まったにもかかわらず、私はブログを書いていませんでした。

創業来、自社のホームページで日記を公開していた私は、この手のものは得意だったはず。しかし、ネットバブルの崩壊後、あまりに激しく、しかも執拗にネットで叩かれたために、すっかり嫌気が差していました。

そのような思いから、どうしても積極的にブログを書く気にならなかったのです。

その過ちにのちに気づくことになるのですが、新しいサービスやデバイスを自分で使って試さないのは、ネット業界の経営者としては失格です。

二つめに、サイバーエージェントのブログサービスは当初メルマガスタンド「メルマ」上に「メルマブログ」として開設しました。しかし、そのサービスは、なぜかメルマガを発行していないとブログを使えない仕様になっていました。

このブログサービスも、最初こそ自分でも使ってみようと思ったものの、私自身がメルマガを発行していなかったのでサービスを使うことができず、「おかしな仕様だなあ」と思ったにもかかわらず、そのまま放置していたのです。

その時、事業責任者のところに行って、なぜそんな仕様にしているのかをしつこく問い質さなければなりませんでした。経営者が何らかの違和感を覚えたら、それは介入のGOサインだと考えて間違いないと思います。この件は今でも後悔しています。

さらにこの時期、ソーシャルネットワーキングサービスの立ち上げの話も社内で持ち上がりました。

ミクシィやグリーがまだ世の中に登場する前の話です。

ソーシャルネットワーキングサービスに関しても、いつものように新規事業を担当する人材をアサインして任せっぱなしにしていました。

その後、ろくに進捗状況も確認せずにいたら結局立ち上げきれず、後から考えれば大変な可能性があったソーシャルネットワーキングサービスへの参入のタイミングを逸してしまいました。

会社の柱となるような「メディア事業」の立ち上げを切望していたにもかかわらず、久しぶりに訪れた、数年に一度の大チャンスをこのような有り様でみすみす逃してしまったのです。

実際のところ、ネットバブルが弾けて以来、モバイル関連の事業を除けば、ほとんど有望な分野は見つからず、パソコン向けサービスの分野ではヤフーの独り勝ちが続いていました。そのような状況に慣れてしまっていたこともあり、ブログやSNSの話を最初に聞いた時も、そんなに胸が弾むような話ではないだろうと判断してしまったのです。

ただ万一のことがあるから着手だけはしておこう、そんな程度の判断だったのです。

2

2004年の5月、ふとしたきっかけで競合のライブドアでブログを始めました。

相変わらずメルマガを出してなければブログが書けない自社の「メルマブログ」は使わずに、なんとなく自分の名前を伏せて匿名でブログを書き始めました。

ブログのタイトルは「東京ではたらく社長のブログ」。

誰かに見つかってまた叩かれないように警戒しつつ、タイトルは自分と分からないようにぼかしておきました。

ところが、ブログを書き始めてわずか数日。

なぜ堀江さんがこの事業に執心しているのかを身を以て知ることになりました。

当初、ブログサービスはただのフリーホームページや日記サイトの焼き直しのように考えていました。

それらのサービスは流行ったものの、これといった収益も生み出さず、中途半端な形で伸び悩んでいました。

しかし、ブログを自分で使ってみて初めて、そのアクセスの拡散と回遊の構造が今までとまるで違っていることに気づきました。

あるブログを何気なく見ていた時でした。

ブログに面白いコメントをしている人がいたので、リンクが張られているその人のブログを見てみたのです。

そのブログを何気なく見たつもりが、しっかり読み込んでしまい、またその文中にリンクが張られていた他の人のブログへ……その行為を続けていると、次のブログ、また次のブログ、と終わりなく続いている世界がありました。

それまでのインターネットのホームページでは、パソコンのブックマークから飛んでいってもそこが目的地であり行き止まり、という印象だったのです。それがブログは違いました。ネットワーク的に広がっていると表現すればいいのでしょうか。ずっとネット上を回遊できる仕組みができていたのです。

これはページビューを飛躍的に増やすことができる構造でした。

ブロードバンド環境に変わって、ウェブを回遊することが快適になったことも、大きな変化としてありました。

最初は匿名で書いていた私も、「経営者カテゴリー」に入った自分のランキングを眺めているうちに、だんだんもっとアクセス数を伸ばしたくなってきました。

(せっかく書いてるんだから見られたいよね)

そんな気持ちになってきて、タイトルを「東京」から「渋谷ではたらく社長のブログ」と変えてみたり、自分だということを匂わすような記事を書いてみたりするようになりました。

社員にも何気なく書いていることを喋ってみました。

「最近おれ、ブログ書いてるんだよね」

「え？　どこで見られますか？」

「秘密だけど……」

　社員にはすぐに発見されました。その後は瞬く間にネット上で、「これ、多分サイバーエージェントの社長のブログだ」という口コミがひろまって、アクセス数が急速に伸びていきました。

　日々、つけられていく多くのコメントやトラックバックによって、たあいもないことを書いていた私のブログは瞬く間に人気サイトになりました。ライブドアのブログランキング上でも堀江さんに次いで、経営者カテゴリー第2位になっていました。

　次から次へとリンクが張られ、どんどんいろいろなサイトに飛んでいく――この拡散の仕方は、Web 1.0 の時代、ホームページ上で日記を書いていた頃とは桁違いのものでした。

　この頃のアクセスは一日5000アクセスくらいだったでしょうか。ホームページ上で日記を書いていた時には、アクセスカウンターという仕組みを使って累計を出し、「祝！　10000アクセス達成」を数か月かけてやっていたのとは雲泥の差でした。

　それがアクセスを増やす実験を始めて2週間足らずで一日で5000アクセスになってしまったのです。

（これは大変だ……どうしてもっと早く気づかなかったんだ……）

ずっとアクセス数が集まるメディア事業を創ろうと種を探し続けていたのに、ブログサービスをちゃんとやっていないとは——。

ここまで思い至って、私はやっと「メルマブログ」の担当者を呼び出しました。

ブログの可能性に興奮している私の、

「なんでメルマガを出さないとブログが書けないのか？」

という問いに、担当者は怒られると思ったのか、

「私はメルマの担当なので、メルマガ会員を増やすのが仕事で……」

「でも、そんな仕様にしたらブログが使いづらいじゃないか」

「それでもメルマガの売上を伸ばそうと思うと……」

といった答えで埒《らち》があきません。

結局、ブログを主力事業に育てる気がなかったのです。

自分たちが担当しているサービスであり、一番理解していなければならない担当者がこれでは望み薄です。

失った時間に後ろ髪を引かれる思いでしたが、私はすぐにメルマをテコ入れすることを諦

めました。

そして、別のやり方を模索することにしたのです。

3

その頃、私は渡辺健太郎（現・マイクロアド代表取締役）とブログに広告を載せるブログクリックという広告事業の立ち上げを検討していました。

この広告事業は、ブログサービスを提供している各社に広告を掲載するためのアドネットワークとして、アクセス数に応じたランキング賞金をつけるというアイデアでした。

その実現性について話している会議の途中のことでした。

「というかさ、もう一回ブログ自体をやらない？」

そんな急な私の発言に、渡辺が戸惑っているのでもう一回言いました。

「やろうよ！」

「え？　それもう決定ということですか？」

言い出すと聞かない私の性格を知っていた渡辺が観念するような形で、新しいブログサービスを作ることが決まりました。

望み続けたメディア事業の柱になり得るサービスとしてブログの可能性を信じた私は、もういても立ってもいられなかったのです。

既にかなり後発でしたが、ユーザーにアクセス数に応じた賞金インセンティブを設け、ブログを書くことが収入になるようにしました。それを目当てに人気ブロガーがサイバーエージェントのブログサービスに他社のブログから移ってくれれば、後発でも巻き返せると考えたのです。これは堀江さんとの共同事業で、メルマガスタンドまぐまぐの後発であるメルマ（当時クリックインカム）を始めた時と同じ手法でした。

探し求め続けた念願だったメディア事業の種、それがブログでした。この新事業名には、気合いと期待を込めて、アメーバ事業部と名付けました。

アメーバは、それ以前からサイバーエージェントのロゴのモチーフに採用していたデザインでした。

「アメーバのブランドを使おう」

これは、会社の代表的なブランドに育てることを目指した、私の決意の表れだったのです。

そして、社内で Ameba.jp という事業を立ち上げていた、アメーバの名付け親でもある佐々木誠（現・マイクロアド・インド代表）がアメーバというブランドごと合流しました。

他にも社内の事業、動画メール事業、不動産サイト、女性向けサイトなど、さまざまな事業部を吸収合併させ、最初からアメーバ事業部は大所帯でスタートすることにしました。

（アメーバは大きな事業になる。だから大きな組織が必要だ）

そう思ったのです。


しかし実情は、さまざまなメディア事業の立ち上げを模索しつつも上手くいかず、敗戦処理が必要だった事業部の、ちょうどいい押しつけ先ができたという感じになってしまっていました。

将来、会社の主力事業に育てようと立ち上げた筈の新規プロジェクトを、そのような負の寄せ集めの状況でスタートさせてしまったのです。

（ブログはサイバーエージェントの将来の柱となる事業）

（これを立ち上げれば全体が潤っていくはず）

（メディアができれば他の事業も好転していく）

そんな私の期待や思いを込めてスタートさせた筈のアメーバ事業部。けれども実際には、必要もないのに集められた事業部のスタッフは戸惑い、社内は混乱していたのです。

4

担当役員は私、本部長は渡辺健太郎、営業統括に佐々木誠、コンテンツ統括に森田仁(現・CyberCasting&PR代表取締役)という体制でアメーバ事業部はスタートしました。

いろんな部門を統合して素早く立ち上げようとした発想は、むしろ逆効果になっていました。

異なる目的を持って仕事をしてきた組織を一つにするには想像以上に手間取りました。意思統一が全然できていない状況に陥ってしまったのです。

統括陣においても、渡辺、佐々木、森田はそれぞれアメーバに統合される前は子会社の社長であったり、事業責任者でした。それぞれが独立性高くトップを務めていた人材です。急に集められても皆で力を合わせて一つのことをやるというマインドには至っておらず、それぞれが自分たちのやり方で勝手に仕事を進めてしまいました。

自分たちは急に集められたけれどブログをやりたいわけじゃない。

そんな意識が社員の中に蔓延していました。

また、ブログが指し示す将来像が見えていたのも、当時自分自身が人気ブロガーになっていた私だけだったのかも知れません。

しかし私は、

「とりあえず早くサービスを出そう。出せば何とかなる」

「賞金インセンティブがあるんだから、後発でも追いつける」

と言って、スタッフを急かし続けました。

そして、わずか3か月でスピードリリースしたアメーバはサービス開始以降、大混乱の歴史を辿ることになってしまいました。

スピードリリースしたブログサービスは、無茶なスケジュールで開発会社に外注して作ったものでした。

しかしながらリリース直後から、トラブルが頻発しました。

とにかく重いサイト、アクセスしても開かない、度重なるサーバダウン、苦労して書いた記事が消える現象など、せっかく賞金インセンティブによって増えたユーザーも、怒り心頭であっという間に他社のブログへ乗り換えていってしまいました。

ライブドアブログを使っていた私自身も、最後に「トロイの木馬」という記事を残してアメーバに読者ごと引っ越してきました。ところが、自分自身アメーバの使いづらさを身を以て体験することになりました。

長時間かけて長文を書いたのにサーバが落ちたことがあって、床をのたうち回るくらい悔しい思いもしました。

ライブドアでは平和なコメントをたくさんもらっていた私のブログには、怒り心頭のアメーバユーザーから、アメーバに対する大量のクレームが毎日届くようになりました。

私にも分かっていたことばかりでしたが、システムは外注、アメーバの組織自体も大混乱していたのです。当時の私にはどうすることもできませんでした。

急に寄せ集められた社員たちは、まだアメーバを自分たちの事業として使命感を持つには至っておらず、

「外注先がひどいですね～」

「そもそもの計画に無理があったんじゃないでしょうか」

というような、まるで他人事の雰囲気です。

人数こそたくさんいるものの、肝心な開発を外注していたため、実際に関わっているスタッフはごく少数で、主に追い込まれているのは事業本部長の渡辺だけ。部署内には冷めた空気が漂っていました。

実際、トラブルへの対応はいつも後手に回っていました。

しかし、それでもアメーバのユーザー数は凄まじい勢いで伸びていきました。

その勢いを誤解してしまい、トラブルでユーザーが他社のサービスに乗り換えてしまっても、始めるユーザー数が遥かに多かったこともあり、私は楽観的でした。

（去っていく人より入ってくる人が多ければ大丈夫）

意識の底にはそんな考えがあったのかも知れません。サービスの質に対する考えが著しく低かったのです。

そんな誤解をさせるほど、世の中には空前のブログブームが到来していたのです。

実際アクセス数の急増ぶりは、かつて我々が全く経験したことのないものでした。

これほど急激に伸びるサービスを誰もやったことがなかったのも、対応できない原因の一つでした。

本来、これは当然喜ぶべき現象なのですが、社内体制はとてもそれに追いつけていませんでした。それまでの当社のメディアの多くはメール事業。しっかりしたウェブサービスを作ることに慣れていなかったのです。

加えてシステムを外注しており、外注先のシステム会社も、ブログのように急速にアクセスが伸びていくサービスの経験が十分ではありませんでした。

唯一の救いは、他社も同様に、ブログのようにアクセスが急増する構造のウェブサービスを運営した経験がなく、どのサービスもアクセスの急増に耐えうる体制構築が追いつかず、サーバダウンを繰り返していたことです。

ユーザーを満足させるブログサービスというのは当時まだどこにも存在していませんでした。

5

2005年7月上旬、ともに会社をゼロから立ち上げてきた副社長の日高裕介の結婚式が沖縄のホテルで盛大に行われていました。

土日を利用したその結婚式に、ほとんどの幹部社員が東京から駆けつけていました。

雲一つない沖縄の真夏の青空、幸せそうな日高の晴れの舞台に誰もが笑顔の中、ひとり脂汗をかいている社員がいました。

アメーバ事業本部長の渡辺健太郎です。

その時、同時刻でアメーバは外部に発注した大規模リニューアルを行っていました。

本来のリニューアルは8時間のメンテナンスの予定でした。

度重なるサーバトラブルを回避するために、サーバをすべて新しいものに入れ替える大作業を実施していたのです。

金曜の深夜から行われたメンテナンスは、翌日の土曜日の朝には終了しているはずでした。

しかしながら、沖縄で渡辺の携帯に入った報告は、

「サーバ復旧の目途が立ちません」

「原因はいま調べていますが、まだ分かりません」

そんな悲鳴でした。

顔面蒼白になった渡辺が、結婚式の最中私のそばに来て耳打ちします。

「結構まずい状況です……」

それでも私には何もできることはありませんでした。

「何とか頑張ってくれ」

とても責める気にはなれず、そんな言葉をかけることしかできませんでした。

渡辺は結婚式も早々に東京に戻っていきました。

私も気が気ではなかったものの、自分にできることは何も思い浮かびませんでした。現場を慌てさせても仕方ないと考え、東京に戻ることはなく、沖縄で週末を過ごしました。

結局8時間の予定で行われたメンテナンスが延びに延びて、そのまま72時間（つまり3日間）まったく復旧しないという事態に陥ったのです。

ご存じのとおりブログは毎日書いて、日記のように使われているサービスです。

ユーザーの怒りの声は遠く沖縄まで届いているかのようでした。

こんなトラブルを見た堀江さんはブログで、

「アメーバのサーバはまだ落ちているのか。全然ダメだなあ」

とサイバーエージェントの技術力を馬鹿にしていました。以前はサイバーエージェントの技術部門を全部請け負っていたので、気がかりだったのかも知れませんが、返す言葉もありませんでした。

何とかしなくてはいけない。それは痛いほどに理解できました。

しかし、肝心のシステムを外注していたため、技術的な状況がちゃんと把握できておらず、どうすることもできない状況が続きました。72時間のシステムダウンを経験した渡辺は、手詰まりになり、もうアメーバはダメかもと、終了の覚悟もしたそうです。

なんとかサーバを入れ替える前の状態に切り戻すことで復旧し、迷惑をかけたユーザーに謝罪の文面を掲載して、今後の対策を立てることにしました。

インターネットのメディア事業をやるうえで、技術に疎い会社というのは致命的であることに、私はようやく気づきました。

ブログ事業に出遅れたうえに、リリースして1年近く経って、やっとアメーバのシステムを完全に「内製」することを決めたのです。

第5章　ライブドア事件

1

2005年秋に堀江さんが衆議院議員選挙に広島6区から出馬して敗れ、年が明けて2006年。

新年に珍しく休みが取れた私は、堀江さんが所有するプライベートジェットに乗せてもらい、一緒にラスベガス旅行に行きました。

ひたすら流れる狂騒曲に煽られているような1年を過ごし、お互い死ぬほど働いた年を終え、ようやく手にした休暇でした。

私も、通常の社長業に加えて、新規事業や提携の話が続々と舞い込み、取材やIRの依頼が殺到し、採用活動などの予定も増えて信じられないほど忙しい日々を送っていました。流れが良いと判断した時期は仕事をさぼってはいけない。そういう信条が私にはあるので、集中力を切らさないように、寝る時間以外は全て仕事に費やしていました。

それに加えて、堀江さんは大飛躍を遂げたうえに、売れっ子芸能人のようにメディアに露出していたので、多忙さは想像を絶していたと思います。

選挙に出たり、テレビ番組でマラソンをしたり、変わったCMにも出演したりと、私の考える経営者像とはことごとく異質な存在になっていた堀江さん。でも会社経営者としても、決算で素晴らしい業績を上げて、株価でも大きく差が開いてしまっていて、私はすっかり遠く引き離されてしまったように感じていました。

それでも久しぶりに顔を合わせると、中身は以前と変わらず、気さくで人懐っこい人でした。

ただ、時代の勢いを身にまとっているオーラがあったような気がします。

長いつきあいではありましたが、プライベートで一緒に旅行するのはこれが初めてでした。

ラスベガスのカジノで、私と堀江さんは並んでブラックジャックのテーブルに座っていました。

熱くならないよう堅実に賭けている私の隣で、堀江さんは時間を惜しむかのように私の何倍かの額を一気に賭けていました。

驚いて振り向いた私の顔を見て、

「リスクを取らないとリターンはないんだよ」

そう堀江さんが言っていたのが印象的でした。

（堀江さん、賭け方が変わったな）

以前の堀江さんは、麻雀などの勝負事ではとても慎重な賭け方、簡単に言うと臆病なタイプでした。その性格は企業経営や買収にも表れていたのですが、賭け方がすっかり荒っぽくなっているのに驚きました。

ラスベガスでは適度に散財し、帰りはそれぞれのスケジュールがあったので、別々の飛行機で日本に帰りました。

そして帰国した日の夜、すぐに堀江さんから電話があり、麻布十番のイタリアンのお店に呼び出されました。そこで堀江さんは新しくできたばかりの大変美しい彼女を紹介してくれたのです。

「この子はおれが金持ちだって知らなかったんだよ」

と言って堀江さんは照れていました。

（そんな人、日本中探してもいないと思うけどな）

そんな言葉が喉元まで出かかりましたが、やめておきました。どちらにせよつきあい始めたばかりで熱々ムードの二人には何も聞こえていないのです。

テーブル越しにとても仲睦まじい二人を眺めていると、それが幸せの絶頂のように見えました。

2

数日後。1月16日に、その報道は突然目に飛び込んできました。

ライブドア本社に家宅捜索――。

社長室でパソコンに向かっていた私の目に飛び込んできたニュースは、最初何を言っているのか理解できませんでした。

気が動転した私は社長室を飛び出し、周囲にいた社員に、

「ニュース見たか？　ライブドアに家宅捜索だって」

と話しかけ、まずテレビのスイッチを入れさせました。

(ついこの間まで一緒に海外にいた堀江さんが……)

プロ野球参入に、テレビ局への敵対的買収、選挙への出馬まで、堀江さんのみならず私の周囲ではいろんな人が世間を騒がせていたので、大概のことには慣れてしまっていました。

しかし、これはさすがにただ事ではないということだけは分かりました。

ただ、どうして検察がライブドアへ家宅捜索に踏み切るような事態になっているのか、そ

れが全く分からず動揺してしまいました。

何が問題なのか理解できないため、同業界で仕事をする経営者として、後ろめたいことは全くないものの、もしかして自分でも気づかないうちに何らかの法を犯しているようなことはないか、不安な気持ちにもなりました。

容疑の内容は「風説の流布」「偽計取引」などと報道されていましたが、その当日は、事件の概要が報道機関にもまだよく分かっていない印象でした。

翌朝の新聞でもう少し詳しい説明を読んだ時に初めて、ひょっとしたらライブドアは相当悪質なことをしていたのかも知れないとも考えました。

（我々が理解できなかったライブドアの決算の仕組み……その仕組みに何かからくりがあったのかも……）

サイバーエージェントの役員会で話題になっていたライブドアの業績。その会話が脳裏を過りました。

それでもまだこの段階では、堀江さんが仕掛けた世の中を驚かせるような、いつもの話題の延長、そんな気もしていたのです。

数日後、1月23日には、堀江さん逮捕のニュースが流れました。

私は移動中の車の中でした。車内に設置されていたテレビに、そのニュース速報は流されていました。

堀江さんが拘置所に搬送されていくシーンの中継でした。

これにはさすがに言葉を失いました。

堀江さんが犯罪容疑者としてパトカーで搬送されていく姿を見て、何か自分の将来がどす黒いもので覆われたような感覚がして、茫然となり座り込んでいました。

人とは違う生き方をする者への、世間からの冷たい仕打ちを目の当たりにしたような気がしたのです。

起業家として、ゼロからベンチャー企業を立ち上げていくと、世間の反感を買ったり、既得権益を持っている人から邪魔されたりします。

それでも前に進み続けるためには、強靭でタフな精神が必要です。

しかし、何か巨大で抗えないものに負けてしまった……そんな感覚だったのかも知れません。

かつて堀江さんに対して嫉妬心を胸に抱いたこともありました。ライバルの失脚を喜んでもおかしくないのかも知れません。しかし、これだけの大きな事態を目の当たりにすると、そんな小さなこと全部が一瞬で頭から消え去りました。

堀江さんは、同じ時代を共にゼロから会社を創って頑張ってきた戦友ともいえる友人です。経営手法は私とは真逆なほどに違うけど、共に、社会や株主からの激しい重圧を孤独に背負い、期待に応えたい一心でいつもぎりぎりのところで逃げずに戦ってきたつもりでした。多くのものを犠牲にして、失い、それでも狂ったように働いてきました。

事業内容について批判されることがあっても、結局はインターネットという新産業の発展に貢献し、多くの新しい雇用を生み出し、税金を納めていることは国の発展に寄与していると自負していました。

起業家という職業は立派な仕事だと、誇りを持っていました。

その職業が逮捕に繋がるようなものであったとは、到底受け入れられません。

その時、容疑となったライブドアの問題の実際のところはよく知らなかったですし、分かりませんでした。

社長業をしていると、本当に犯罪の匂いのする経営者に出会うことがあります。脇の甘い起業家は、あっという間に騙されたり、犯罪に巻き込まれたりしてしまいます。だから、悪い人だと見抜けなければ、長く生き残ることはできません。

私は自分では、そういう人を見抜いて距離を置くのが得意だと自負しています。

堀江さんは、自ら望んで目立った分、叩かれることは仕方がないのかも知れません。それは目立って得られるものの代償です。

また、正論を言い過ぎて人の気持ちを考えない時があるし、やったもの勝ちが過ぎることもありました。

でも、犯罪に手を染めるようなタイプの人間には、私には到底思えませんでした。

すぐに自社のことが脳裏を過りました。サイバーエージェントの株主や社員やその家族のことです。きっと今回の堀江さん逮捕のニュースを見て不安になっているに違いありません。

その夜、うちは大丈夫だから心配するなとブログに書き込みました。

3

〈今日は、さすがに言葉を失った…………

堀江さんは同じ時代を共に頑張ってきた戦友とも言える友人。

私と経営手法は違えど、堀江さんの活躍に奮い立たされることも多かった。

なぜこんなことになってしまったのか……。

本件と当社は、全く関係ない。

同じく若い経営者のIT企業として、株式市場などに懸念されている点には反論したい。

株主の方も、従業員のご家族も、お取引先も安心して欲しい。

でも今日は元気が出ない。

涙が出そう。〉

「独り言」と題して、ブログに心境を綴ったのは、堀江さんが逮捕された日の深夜でした。

サイバーエージェントの関係者を落ち着けようと思ってブログに率直な気持ちを書いて更新したのですが、翌朝出社してみると、社内は意外と落ち着いた雰囲気でした。

ライブドアとは対極の経営を打ち出したり、社員を大事にする社風を育ててきたからでしょうか、

「うちは関係ないでしょ」

「またいろいろ言われるかもだけど、大丈夫ですよ」

と信頼してくれる社員がほとんどだったのです。

疑心暗鬼が渦巻き、社内には対立しか存在しなかった数年前からは想像できないほど、逞しくなっていたサイバーエージェントの姿がそこにはありました。

きちんとした信頼関係が存在することを心強く思いました。

しかし社外は違っていました。

家宅捜索翌日から、株式市場では、当然のようにライブドア株が連日ストップ安をつけ続けました。

〝ライブドアショック〟という言葉が生まれるほど、ネット関連企業の株は、投げ売りされるように一様に下がり続けていました。

当然、サイバーエージェントの株価もそれに釣られるように暴落していました。

私はネットバブル崩壊の日を思い出していました。

あの頃は、動揺して慌てふためき、株価対策として打った手がことごとく裏目に出ていました。

今回は一度経験していることもあり、私は冷静でした。

期待された株価がついただけで中身が空っぽだった当時とは違い、6年経って、しっかりとした事業も育って利益も出ていました。そのうえ、保有している現金は200億円近くありました。

しかし、下落が続く株価に耐えられず、サイバーエージェントが潰れるのではないかと悲鳴を上げる株主もいました。

「サイバーエージェントにも捜査開始か？」

「捜査員が事情聴取でもらした〝次の標的〟の名前」

などと呆れるほど見当違いの理由をあげてサイバーエージェントの記事と私の写真を掲載するなど、不安を煽る週刊誌も出てきました。

ネット上でも、この時を待っていたかのように私個人や会社を叩き始める人が湧いて出てきました。

投資家の方からの問い合わせも殺到し始めました。

今までであれば〝単なる噂〟程度は無視してきたのですが、株価に影響し株主に実害を与えかねない、と考え、初めて抗議文を出すこともしました。

過去にそれ以上のバッシングを既に経験済みだったからかも知れません。この時の私は慣れていました。

「だからなんだ」と開き直れるだけの精神力を備えていたのです。

そんな堂々と構えている私を見て安心したのか、社内は落ち着いたままで、何の影響もないかのようでした。

4

時を同じくして、東証マザーズなど新興市場では、上場している企業の不祥事が相次ぎ、ベンチャー企業に対する世間の風当たりは、またもや急速に強くなってきました。

当時、ライブドアの買収手法などを真似ていた新興企業がたくさんありました。その多くが事件をきっかけに瞬く間に姿を消していきました。

その頃に日経新聞本紙のベンチャー欄が廃止されました。

国内の大企業に勤める人の共通言語ともいえる日経新聞から、ベンチャー企業のページがなくなったことは、新興企業にとっては大きな痛手となったと思います。

創業して間もない企業が大企業と取引する時に信用を付加するものとして、日経新聞に掲載されたというのは大きな説得材料でした。ベンチャー企業は日経に掲載されるとよくコピーして持ち歩いて営業していました。

また、日経本紙に掲載されたベンチャー企業は、他紙からも追いかけ取材を受け、メディアの露出が増えるとともに問い合わせも増え、会社を勢いに乗せることもできました。ベンチャー欄廃止により、そのような日本特有のベンチャー企業が育っていく風土もなくなってしまいました。

さらにこれ以降、ベンチャーの専門雑誌も相次いで休刊、廃刊していきました。

堀江さんが近鉄球団買収を宣言し、ヒルズ族などともてはやされ、起業家という職業のステータスがワンランク上がったように感じられたものですが、堀江さん逮捕によってイメージが悪化し、職業としての起業家の人気もまた急速に冷え込んでいくのを感じました。

東証マザーズなどの新興市場に上場できる企業の数も激減していきました。

株式市場の冷え込みや、不祥事が相次いだこともその要因となったと思います。

投資家はベンチャー企業に投資することのリスクの大きさを目の当たりにして、新興市場を避けるようになり売買高も激減していきました。

私はその頃に日本のベンチャー市場の可能性について聞かれた取材で、

「5年はダメだと思います」

と答えた憶えがあります。

またもや、ベンチャー冬の時代に突入していったのです。

5

2006年4月27日。

堀江さんは3か月の拘置期間を経て、保釈されました。

連れていかれる時も、保釈された時も、報道機関のヘリが出動する大変な騒ぎになっていました。

ライブドア事件の複雑な取引全容を理解できなかったのか、世間の関心は、それよりも3か月の拘置期間を経て堀江さんが痩せたのかどうかに興味が移っているようでした。

その日、私は同世代の友人、テイクアンドギヴ・ニーズの野尻社長（現・会長）と二人で、保釈された堀江さんが車で移動していく様子を自宅のテレビで観ていました。

「大丈夫だったのかなあ……」

「今電話してみようよ」

「え？」

野尻さんがそう言うので、堀江さんが搬送されているテレビを横目に、私は携帯を手に取りました。

当時堀江さんと私は同じマンションに住んでいたので、堀江さんが向かっているのはここなのです。

「案外、繋がったりして……」

拘置所でも携帯は充電してくれていたようです。そのまま堀江さんに電話が繋がり、私はなるべく早く会おうと提案しました。

「仲間がどう思ってるのか不安だろうからな」

そんな野尻さんの配慮にも感心しました。

保釈当日は弁護士さんなどと打ち合わせもあるようだったので、会うのは翌日になりました。

ただ、保釈当日には「おかえり」という手紙とともに、溜まっているだろうという意味を込めて、アダルトDVDをプレゼントで部屋に届けておきました。

翌日、4月28日。

六本木「纏鮨《まといずし》」で高級鮨を握ってもらって持ち帰り、私の部屋に来てもらってそれを二人で食べました。

通常、「纏鮨」は持ち帰ることなどできないのですが、お店に電話して、

「出てきた堀江さんに美味い鮨を食べさせてあげたくて」

と私が頼んでみたところ、

「喜んで！」

と二つ返事で鮨を握ってくださったのです。堀江さんの仮釈放は日本中の人が知っている大ニュースでした。

そして、私が鮨を受け取りに行ってそのまま自宅に持ち帰り、久しぶりの会食になりました。

長期にわたる厳しい取り調べと、独房生活で対人恐怖症みたいになっていたようで、堀江さんは私の自宅に来た直後はなんだか様子が変でした。それでも、美味い鮨を食べているう

ちに、しだいに平静さを取り戻していきました。

（数か月前にはすごいオーラを感じたのに……）

そんな雰囲気は微塵《みじん》もなく、挙動不審な人と接しているかのようでした。そういえば、堀江さんと初めて会った時も、挙動不審に感じたのを思い出しました（『渋谷ではたらく社長の告白』参照）。

それでも少しずつ緊張がほぐれてきた堀江さんが語り出した体験談に、私はどんどん引き込まれました。

堀江さんから拘置所内でのリアルな話を聞いて、一生縁がなさそうだった世界が、急に身近に感じられたような気がしたのです。

「平日は取り調べがあるからいいんだけど、週末になると独房で誰とも話せないから辛いんだ」

「本とか差し入れてくれる人が多いんだけど、座布団と一輪の花が嬉しかった」

……こんな話を友人から聞く日が来るなんて。

映画の世界が、現実に起きたようです。堀江さんの話を夢中になって聞きました。

そのままお互い酔っぱらうまで酒を飲みました。徐々に安心してきたのか、完全に元に戻った堀江さんの嬉しそうな表情が印象的でした。

（すぐ会うことにして本当に良かった）


逮捕当時、堀江さんが世間でものすごく叩かれていたので、堀江さんと関わると損をするという人もいました。

しかし、ネットバブル崩壊後、良い時は寄ってきていた人たちが、周りから一斉に消えていったのを私自身が経験していました。だから自分は絶対に堀江さんに対する態度を変えないと決めていたのです。

むしろ、経営者のライバルではなくなって、初めて自然と友人として接することができるようになった気がします。

余談ですが、その翌年に開かれた野尻さんの結婚披露宴では、裁判中で参加できなかった堀江さんと私で「タカ&フジ」という余興のビデオを制作しました。

「えー、あいにく今日は結婚式に参加できませんで……」

「法廷か！」

と私が突っ込むという、漫才ものです。

その後、6月になると今度は村上ファンドの村上世彰さんも逮捕されました。

村上さんとは、「和解の会」以来、かなり親しくなっていました。

村上さんも同じマンション、しかも当時は隣の部屋に住んでいたので、プライベートでもよく見かけていたのです。

隣人としての印象は、お子さんや家庭をとても大切にする良い人、というものでした。お子さんたちを連れて虫取りや魚釣りに出かけていく姿を何度も見かけました。

村上さんも堀江さんの時と同様で、とても犯罪に手を染めたり、人の道に外れるようなことをする人には見えませんでした。

堀江さん、村上さん、その他同じマンションから次々と逮捕者が出たことで、マンションの玄関にマスコミのカメラが、あたかも大砲のようにずらっと並ぶ異様な光景も、見慣れてしまいました。

でも、報道機関のカメラマンは、まず撮影して必要な写真を選ぶようで、何も関係ない住民でも全員を大量のフラッシュを焚いて撮影するので、勝手に写真を撮られた他の住民がフロントでカンカンに怒っていたりしました。

堀江さんや村上さんと親しい私は、

（……すみません）

という気持ちだったのですが。

6

新興市場で活躍をしていた会社は一斉に批判を浴びている状況でした。

インデックスやＵＳＥＮなど、自社の株価の高騰を梃に事業を拡大させていた会社は、株価の暴落によって、逆に厳しい局面にさらされるようになりました。宇野社長も大型買収が裏目に出て苦しんでいました。

そこに追い打ちをかけるように、サブプライム問題が浮上し、株価はさらに冷え込んでいきました。

株式市場はまたもや長い冬の時代に突入しそうな様相です。

さらに貸金業法の改正が国会で、全会一致で可決・成立しました。

過去に遡って過払い金を返還するという、目を疑うような法律ができて、タイミング悪くオリエント信販を買収していたＧＭＯは４００億円もの負債を突然抱えることになりました。

長く同じネット業界で切磋琢磨してきた熊谷社長も、この時苦しい正念場を迎えていたのです。

一方、サイバーエージェントの経営もまた、難しいかじ取りを迫られていました。業績を維持するのが困難な状況に陥っていったのです。

貸金業法の改正は、当時ネット広告の主要広告主であった消費者金融の業績を急降下させ、広告出稿は激減しました。

それによって、広告代理事業のネット広告関連売上高が大きく落ち込んでいきました。サイバーエージェントの業績をずっと大きく支えてきた広告代理事業にかなり影が差し始めたのです。当時のサイバーエージェントの事業構成は、広告代理部門がくしゃみをすれば全体が風邪をひくといった構図でした。

そしてもう一つ、それまで業績を下支えしていた事業にベンチャーキャピタル事業がありました。

これは将来有望なベンチャー企業を主に私が見定めて投資していた事業です。私にとっては得意分野でした。

私自身も創業時、資金がない時に宇野社長から投資を受け、サイバーエージェントを2年で上場させ、宇野社長にも200億円ぐらいの含み益で貢献できたことがあります。その時、ベンチャー投資というのは素晴らしいものだと感じました。また、若い起業家を応援したい気持ちもあり、ベンチャーキャピタル事業を本業の一つと位置付けて続けてきたのです。

そしてその事業の実績がサイバーエージェントを下支えしていました。

しかし、株式市場が下落してしまえば、利益を出していくことは難しくなります。簡単に言えば、既に弾切れの状態でした。

なんとか立ち上がりつつあったFX事業の利益で決算を支えるという構図でしのぎましたが、それがまた投資家からの批判の対象になっていきました。

そして、悲願の「メディア事業」であるアメーバは、単調に赤字を垂れ流しているだけでした。

また、長引く株価の低迷により、保有していた株式の減損が相次いで、「最終利益」が悪化していきました。

それまでの上場企業の決算では「営業利益」が注目されていたので、営業利益を重視した経営を行っていました。しかし、タイミング悪く、その頃から注目指標が最終利益に変化していったのです。

株式市場に評価されながら事業運営を強いられる上場企業の経営では、それは無視のできない変化でした。

7

投資家や市場に評価されながらの経営——それは、いつでも精神的に厳しいものです。

サイバーエージェントの決算は、04年に初めて黒字化した時は「シーエー・モバイルなどのグループ会社の貢献で黒字化しただけ」と言われました。

05、06年の決算では「ミクシィへの投資の売却益で利益を出しているだけ」と言われました。

07年の決算では「FX事業によって利益を出しているだけ」と言われました。

連続して毎年増収増益しているにもかかわらず、そんなふうに批判されていたのです。

でもそれは仕方のないことでした。

私たちは将来のためにも「メディア事業」を育てると宣言していたにもかかわらず、中身は全く違ったものになっていたからです。

実際、稼いだ利益は、収穫逓増型ビジネスモデルでもなければ、継続性すら怪しいものでした。

毎年利益を稼ぎ出す主力事業が変化しているのですから、その意味では、投資家の指摘は正しかったのかも知れません。

毎年、増収増益を維持してきたものの、中身が入れ替わる「巨大な自転車操業」に見えたのでしょう。

しかし、手を替え品を替え、主軸となる事業もあやふやなまま、張りぼての家のように組み立ててきた決算数字も、いよいよ厳しい状況になってきました。

そんな窮地に追い打ちをかけるように、最後の頼みの綱であるFX事業に、金融庁がレバレッジ規制を導入することを決めたのです。規制が掛かれば、その影響でFX事業の業績が急降下するのは誰の目にも明らかでした。

この規制はある程度予測できていたことだったので、「やっぱり来たか……」という思いでした。

ただ、次に当てにできる主力事業がない、という状況。タイミングが悪かったのです。

株価は下落の一途をたどり、時価総額は再び300億円を割り込んでいました。

グループ経営と称し、さまざまな新規事業を大量に絶え間なく立ち上げ、何かがダメになっても入れ替わりで何か新しい稼ぎ頭が現れてくれる、そんな経営は限界に来ていました。

役員会のメンバーは、収益源を確保するためグループの中を目を皿のようにして必死に探し回っていましたが、見つからずにいました。

もし仮に見つかったとしても、また同じようにゼロから育てて収益が上がるのを待っている時間はありませんでした。

我々には主軸となり、他の事業と相乗効果を発揮できるような事業が何か必要でした。

グループの中に事業がいくつ存在しても、それは所詮足し算と引き算の経営にしかなりません。

それまで、なんとか持ちこたえてきましたが、このやり方では成長が望めないばかりか、もう業績的にも後はなく、追い込まれていました。

このままいけば減益は免れず、下手をすればまた赤字に転落してしまう。

役員会のメンバーは、皆それぞれに自分の担当している事業をなんとかするべく必死になっていました。

そして会社全体の数字に最終的に責任を負っているのは、当然、私でした。

会社のビジョンは「21世紀を代表する会社を創る」ことです。

厳しい環境になったからといって縮小均衡を目指し、ただの中小企業になるくらいならいっそのこと自分が辞任したほうがましです。

会社設立2年で東証マザーズに上場し、多額の投資を受けることができた背景には、日本にもメガベンチャーを育てたいという国策ともいえる思いがありました。その期待に応えようと必死にやってきたつもりでした。

どんな状況にあっても将来有望な事業を育て、再び成長軌道に乗せて21世紀を代表する会社を目指さなければなりません。

それは私の頑《かたく》ななまでの決意ですが、繰り返し伝えてきたことで、そのビジョンは社内でも十分なほどに浸透していました。

全てを解決するため、我々に残されたカードは1枚だけでした。
その時既に、会社はアメーバと心中モードだったのです。

第6章　逆風

1

少し時間は遡りますが、ネット業界がまだ注目を浴びていた2005年の冬に、私は株式市場のプレッシャーに負けるミスを再度犯してしまいました。

短期的にアメーバの業績を無理に黒字化してみせたのです。

再度というのは、過去に赤字を批判されて苦しんでいた2001年、無理に数字を寄せて黒字化させて決算を発表したことがあるからです。

その時も株式市場は見抜いていました。

黒字化したニュースにはピクリとも反応せず、次の四半期で再び赤字に陥るや、失望売りが相次ぎ、さらなる株価の下落を引き起こしました。

アメーバを短期的に黒字化させた時も、株式市場は全く同じ反応でした。

ネット企業各社にまだまだ勢いがあった時期です。新しく登場したブログサービスに世間の注目が集まっていましたし、爆発的にブログのユーザーが増えていた頃です。

「ヤフー　楽天　ライブドア」

この言葉が現実味を帯びてきていました。

三大ポータルという言葉に組み込まれるまでに成長していたライブドアに対して、アメーバはその存在が世の中から相手にされていないかのようでした。

業績面でもライブドアの躍進がプレッシャーになり、差をつけられる一方の日々に、焦っていたのです。

アメーバは赤字続きでした。それがこの事業の将来性のなさを裏付けていたかのようでした。

このままでは「アメーバはダメだ」という悪評に潰されてしまう――。

そんな短期的な重圧に負けて、アメーバ本部長を任せていた渡辺健太郎に言いました。

「1回、黒字化できるところを見せよう」

確かに、株式市場やマスコミからアメーバに対して向けられる目は厳しいものがありました。

それ以上に私が何とかしたかったのは、社内の雰囲気だったのです。

世の中だけでなく、社内の他部署から、

「アメーバはダメだろう」

という目で見られていた社員たちは、すっかり自信を失っているようでした。誰もが口には出さないものの、

「何でこんな部署に異動させられちゃったんだろう……」

「負け馬に無理やり乗らされているんじゃないか」

と思っているのではないか。

そんな思いに私が囚われてしまったのです。

この嫌なムードを払拭し、これは将来大事な事業になるんだ、というところを見せたかったのです。

そんな私の焦りがすぐに伝わったように渡辺が言いました。

「10—12月なら大丈夫ですよ」

その言葉どおり決算では10—12月の四半期に一度だけ黒字化してみせることができました。

しかし、実態は数字を寄せてコストを抑え、短期的に利益を出しただけ。

株式市場は私たちの真意を見抜いたかのように、何も反応しませんでした。

ましてや、この決算を発表したのは、２００６年2月。堀江さんが逮捕された直後だった

のです。

私は最悪のタイミングで、失敗してしまったのです。

前述の通り、メディア事業というジャンルは、見てくれる人や集まってくれる人が増えれば、売上は後からついてくる類いのものです。

テレビは視聴率が上がれば、新聞は購読者が増えれば、後から売上も広告収入も増加していきます。

そのビジネスモデルを目指していた私たちは、新しい挑戦に懐疑的な目を向けてくる人たちを説得しきれず、重圧に負けて間違った行動をとってしまったのです。

株式市場の反応を知った瞬間、私は自分の堪《こら》え性のなさに嫌気が差しました。

立ち上げ途中の事業を無理やり短期的に黒字化させても、萎縮させるだけです。

30億ページビューで収益化させ始めれば、そのメディアは30億ページビューのサイズのメディアになります。5億ページビューで収益化させ始めれば5億ページビューのメディアに、100億ページビューで収益化させ始めれば100億ページビューのメディアになるのです。

収益化に本気で取り組まなくとも、自然と損益分岐点を超えていくような事業でなければ、本当に収益力のある事業に育つことは望めません。どんどんメディアのサイズが大きくなり、それに勝手に売上がついてきて黒字化する。それが私の理想でした。

そのためには、ひたすらユーザーの利便性を向上させたり、コンテンツを揃えたり、新機能を加えたり、ページビューを伸ばすことに集中すべきなのです。途中で収益を追い始めることは往々にしてそれに反しています。広告を入れるスペースを作ることや、課金を強化することは利便性を犠牲にすることがほとんどだからです。また、ネット特有の事情として、かなりの巨大なメディアに育たない限りは、安定した収益を稼ぐ事業にはなりません。

過去の私たちはメディアが大きく育つ前に、早い段階でそれまでの投資を回収しようと収益を追って、小さいメディアに縮こまらせてしまっていました。

「社長、次の四半期はまた赤字に陥る見通しですが……」

「ごめん、おれが悪かった。赤字でもういいよ」

過去の経験からそれを十分に分かっていたはずなのに、同じようなミスをまた繰り返してしまったのです。

上場している会社がゼロから大型の新規事業を立ち上げるのは困難を極めます。資金があっても、世の中から絶大な信頼がない限りは、非常に難しいものです。

赤字でまだ実績がないところから、情報を世間に開示しなくてはなりません。四半期に一度、赤字の状況を繰り返し発表しても、気長に新規事業が育つのを待ってくれるような株主は、実際ほとんどいません。

それでも新規事業を立ち上げるならば、少しずつでも実績を上げて、その実績を元手にまた新たな投資を続ける、そんな難しい綱渡りをわずか3か月という短い期間ごとに繰り返さなければならないのです。

私が主力事業に育てようと目論んでいたアメーバは赤字のうえに参入のタイミングは最後発でした。これと言った斬新なサービスがあるわけでもなく、株式市場からは全く期待されていない状況だったのです。

それに伴いアメーバ事業部内の士気も、どんどん沈んでいく一方のように思えました。

2

ライブドア事件が起きて1か月が経過した、2006年2月。

私の別荘がある群馬県の山奥で、8人の役員を集めて役員合宿を行いました。そこで話し合われたのは中長期の会社の事業計画の中身についてでした。

誰からも相手にされなかった2004年の中長期計画に引き続き、次の中長期計画では、〈2008年、1000億円の売上、200億円の営業利益〉を目標として掲げていました。

前回と同様に数字に確たる根拠があったわけではなく、引き続き「メディア事業を立ち上げて高収益企業に」という意味合いを込めた目標数字でした。

残されたあと約2年半の時間で、この数字を達成するための必要条件を合宿で詰めて話し合っていたのです。

しかしながら、この数字を達成できる切り札がその時点で何もないことは、出席した役員全員が分かっていました。

話し合った結果、皆が薄々感じていた通りの結論に達しました。

「やはりメディア事業を成功させなければ無理だ」
「もうアメーバしかない」

その時のアメーバ事業部は惨憺たる状況です。それでも皆で導き出した結論は、アメーバへのさらなる長期にわたる先行投資の続行を意味していたのです。

株式市場に対して、立ち上げ状況を開示しながら大型の新規事業に投資して赤字を出し続けるのは、他の役員にとっても苦しいものです。それを知っている古参の役員である日高裕介や中山豪は押し黙っていました。

参加した役員のうち誰一人としてアメーバに携わっている者はいませんでした。アメーバが成功する予兆すら見えない中で、これに将来を賭けると結論が出た合宿は、珍しく沈んだ重い空気が流れていました。

「でも今のアメーバじゃ……」
「だって他にないんだから仕方ないだろ」

それでも私には役員合宿を押し切る必要があったのです。

サイバーエージェントのビジョンは「21世紀を代表する会社を創ること」。そのゴールはアメーバ以外の事業の延長線上には見つかりませんでした。

少しでも現実味のある選択肢はそれしかなかったのです。

広告代理事業の手数料収入では収益力が限られていました。

好調だったFX事業やベンチャーキャピタル事業は、本業の柱にはなり得ませんでした。

その他のメディア事業はどれもみな小粒でした。

多角化していたさまざまなネットビジネスはどれも市場が限られていました。

我々の将来は、アメーバをなんとか形にして、それに託すしかなかったのです。


サイバーエージェントには「CAJJ制度」という新規事業の立ち上げルールがあります。

これは鉄の掟で、そのルールには事業の赤字の上限額が決められており、誰であろうと撤退のルールには従わなければなりません。

ところが、この時、アメーバを特例としてCAJJ制度から外し、「例外事業」として大規模な赤字を許容することを決めました。

この「例外事業」を認定するのは、ルール制定以来、初めてのことでした。これには役員の中でも、頭では理解しても内心納得できない人が多かったと思います。

(みんなが厳しい基準を守ってやってきたのに……)

そんな思いが胸に渦巻いていたかも知れません。

皆が不公平感を抱いたとしても、それでも、サイバーエージェントにはメディア事業が必要でした。

アメーバに皆が希望を感じていなかったとしても、他に選択肢はありませんでした。

しかしながら、やらなければいけない理由は説明できても、具体的な将来像を説明することができませんでした。

私の頭の中では、漠然とではありますが、これまで世の中にない形で、想像もできないような規模で、成功を収めているイメージはありました。

でも、世の中にないものは言葉で言っても伝わらないものです。

結果で見せるしかない、そんなつもりでした。

3

その日を境に、私も腹を括ったつもりでした。

しかし、それは残念ながら後から振り返ってみれば情けなくなるほど中途半端な決意だったのです。

その年、現場を見ているアメーバの担当役員が取締役会にいないのはそもそもおかしいということで、渡辺健太郎が取締役に昇格しました。

私は相変わらずマークシティの21階のオフィスビルに社長室を置いたまま、麓のビルを1棟借りていたアメーバの部門にたまに出かけていき、口を出す程度の仕事しかしていませんでした。

麓に降りて、アメーバの社内を見に行っても、皆が黙々とパソコンに向かって仕事をしているので話しかけづらく、特に顔を出しても仕方がないと思っていたのです。

渡辺、佐々木、森田などが集まる大事な本部長会議ですら、私はちょくちょく欠席していました。

どうも上層部がうまく嚙み合っていないと感じてはいたのですが、盛り上がらない会議に居心地が悪く、積極的に出席する気が起きなかったのです。

本来であれば、意思統一されていないことを追及し、解決を図らなければならないはずの私は、「任せるからうまくやってくれ」という具合に完全に人任せにしていました。

まだその頃私は、「任せてやる気を出させて伸ばす」ことを大事にしていました。あまり深入りせず、任されていることで現場の責任感を引き出し、自由度を高めて活性化させようと考えていたのです。

一方で、ライブドア事件の後も起業家として注目されていた私は、プロ野球などスポーツ分野への進出をしていたほかの起業家たちに後れを取るまいと、東京ヴェルディの経営に参画したり、格闘技のK－1 MAXのスポンサーをやったり、アメーバブランドを背負って華やかな分野への動きは続けていました。

自分の役割として、サービスの知名度を上げることには力を入れていたのです。

しかし、サービスの質が伴わないまま宣伝したところで、芳しい効果は得られませんでした。

4

アメーバオークション、アメーバミュージック、スクラップブック、みんなのテーマ、アメーバビジョン……。

アメーバで立ち上げる新規のサービスは笑ってしまうほど、ものの見事にみんなこけていました。

業を煮やして、私は初めて「アメーバ総合プロデューサー」という役職を名乗ることにしました。

（どうやったらこんなひどいサービスが生まれてくるんだ……）

（最初聞いてた話と全然違うな……）

アメーバのヘビーユーザーでもあった私は、サービスがリリースされるたびにユーザーとして使ってみて苛立っていました。

それぞれのプロジェクトには、立ち上げた者も責任者もいました。しかし失敗した後に文句を言ったり責任を追及しても仕方がありません。

まずはどんなプロジェクトも、企画段階から自分がチェックできる体制にしようと考えたのです。

（失敗する前に見ておかないと、死んでも死に切れない）

そんな思いを抱くほど、もう時間は残されていませんでした。

総合プロデューサーとして、私はアメーバ事業部のメンバーに言いました。

「もっとユーザーに支持されるサービスを作らないとダメだ」

「もう売上はいいから見るな」


これはかなり大きな方向転換になった筈でした。

少なくとも私はそう思っていたのです。

しかし、事業部内に私が総合プロデューサーになったことが伝わっているという手応えは何もありませんでした。

最終的に、「何度も繰り返し言い続け、自分でやってみせ、背中で見せない限りはダメ」と理解できるのは、それから1年ほど後のことですが、この時にはなぜなのか、理由が分からず苦しんでいました。


そして、社内の目標から売上を外し、ページビュー数1本に絞り込みました。

それは良いサービスを作って流行れば、アクセス数が増えて、売上は後から自ずとついてくるというメッセージでもありました。

しかしこのメッセージが浸透していくのも、まだまだ先のことでした。

売上を見ないでページビューを目標にする。

それは今思えば社内の価値観の大きな方向転換でした。

会社の方向転換がどれほど難しいかということを、まだ私がよく理解できていなかったのかも知れません。会社は過去の歴史の延長線上に存在していて、染みついた企業文化はそう簡単には拭えないのです。


当時、サイバーエージェントが良いものを作れなかった理由はいくつもありました。

まず、それまでに組織の中で作ってきた経験のあるメディアはメールを主体としたものばかりだったということです。ブログのような奥行きのあるウェブメディアを作った経験はありませんでした。

次に、当時のアメーバで働いていた社員の多くは広告代理部門からの異動でした。ユーザーではなく、広告主企業を顧客に考える思考回路は、なかなか抜き切れるものではありませんでした。そのような状態ではユーザーにとって良いサービスを作ることは困難だったのです。

さらに、それまで開発した経験のある多くのメディアは広告収益を前提としていました。広告主に売れるもの、広告効果の高いものをメディアと呼んでいたのです。

そして致命的だったのは、システムを外注していたことです。ネット企業がメディアを運営するのに、外注しているというのはあり得ないことです。しかし、主に広告代理事業で採用していた当社の社員は技術に疎く、当時はまだ企画力でなんとかなると考えていたのです。

そしてそれ以外にも、最大の障害がありました。

サイバーエージェントの企業カルチャーです。

我々の会社は広告代理事業が長く主流であったため、メディア企業のカルチャーが、ものすごく違っていることを、誰も理解できなかったのです。

ある仕事を受注した場合、売上と原価がいくらだから、差し引きが利益になる、という収益構造が代理店カルチャーの社員には自然なことでした。

それに対して、面白いコンテンツを作り、人を集めてユーザーから支持を受け、流行ったら結果的に売上も伸びる、というメディア事業の収益構造が、どうしても理解することができなかったのでしょう。

ましてやサービスをヒットさせて評価された社員が、当時のサイバーエージェント社内にはまだ存在しなかったのですから、イメージできなくて当然かも知れません。

私は、言っていることを理解してくれないメンバーと、克服しなければならない課題を前に、ただイライラし続けていました。

私には、これらすべてを抜本的に解決する必要がありました。

5

アメーバは社内でも不人気部署でした。

社長が力を入れていることはみんな知っていましたが、誰も負け馬には乗りたくないのです。

その年に入社した新卒社員たちは、ネット業界に追い風が吹いていた時期に採用活動したおかげで優秀な人材が数多く集まっていました。

しかし、彼らの配属希望先は、子会社のサイバー・バズや大手広告代理店との合弁子会社といった、グループ経営で作ったばかりの新会社で、アメーバに行きたがる新人はほとんどいませんでした。

私としては、将来を考え、何とか優秀な人材を配属したかったのですが、入社間もない新卒を強引に配属させるには、その時のアメーバ事業部の状態はあまりにも悪すぎました。

群馬の山奥で行った役員合宿では、「アメーバで行こう」と皆で誓い合ったものの、渋谷のオフィスに戻れば役員の対応もシビアなものでした。

経営管理を担当する中山豪（現・常務取締役）は、アメーバの赤字の中身について、毎月、渡辺健太郎やほかの本部長に厳しいプレッシャーをかけていました。

中山豪は当時から大雑把な私の経営を、数字面で引き締める役割を担ってくれていたのです。

いくら損益を度外視しているんだと言われても、毎回毎回赤字が出ている以上、中山は言わなくてはならなかったのでしょう。

赤字が続いていても、ヒットへつながる予兆が確かにあれば温かい言葉の一つもかけてくれたかも知れませんが、そんな風は全く吹いていなかったのです。

新規に投資する案件を精査する投資委員会を担当していた専務（当時）の西條晋一は、渡辺健太郎が提出した10億円ものサーバ増強プランを通しませんでした。

落ちまくるサーバトラブルを回避してほしかった私は、

「とにかくサーバが落ちるのを止めてくれ」

「10億円かかってもいいから、とにかく止めないと、もうメディア企業でも何でもない」

と言い続けており、それを受け、渡辺が出した増強プランでした。

「回収プランを出してください」

西條に素っ気なく言われた結果、予算は10分の1の1億円まで縮小されて、ようやく通過しました。


アメーバの事業に対するみんなの反応は、私にはともかく、渡辺健太郎にはシビアでした。渡辺健太郎も「いつ利益が出るのか？」という問いに対し、彼がこれまで経験してきた広告事業と、先の見えないアメーバ事業の区別がつかずにいました。

これまで経験したことのない状況に置かれた渡辺は、混乱の原因が見つからないまま苦しんでいたのです。

それは当時の私も同じでした。

どうしてうまくいかないのか、混迷する状況を解決する糸口も見つけられないまま、アメーバ事業の迷走は続いていくのです。

6

その年、私が推し進めようとした芸能人ブログの強化案には、社内は大反対でした。

他社のブログサービスでは、眞鍋かをりさんや中川翔子さんのブログが、すごいページビューを稼ぎ出し、そのブログサービスの顔になっていました。

我々のアメーバ事業部には、このようなキラーコンテンツがなかったのです。

（これを強化していけばアメーバの知名度も上がっていくはずだ）

普段はアメーバ事業部に顔も出さない私が、現場に行って説明すると、

「ブログは一般人のためのものです！」

「そんなブログ、私は見たくありません！」

会議に参加した担当者から、そんな必死の抵抗にあいました。

マイページに芸能人ブログを宣伝するコーナーを作ることを提案すると、

「なんでこんなの入れるんですか！　ありえません！」

「現場のことを何も分かっていないくせに！」

部署で働く女性社員が感情的になって怒っていました。

ブログ業界ではＣＧＭ（コンシューマー・ジェネレイテッド・メディア）という言葉がも

てはやされている時代でした。一人ひとりのユーザーが書き手であり情報の発信者であって、それまでの有名人がメディアに出るという風潮に対するアンチテーゼのような考え方でした。

皆がマスメディアに露出しているものを極端に避けたがる傾向がその頃にはあったのです。


しかし、会話の中で、その女性社員がプライベートのブログはアメーバではなく、他社のブログを使っていたことが判明しました。

この事実が分かった瞬間に私は愕然としました。

いいえ、腹が立ったのです。

アメーバのサービスを担当している人間が、アメーバを使っていなくて、ユーザーにとって良いものを作れるはずがありません。

なんとか怒りを静めて、穏やかな声で、

「それはどうしてなの?」

と聞いてみると、

「だって××のほうが可愛いし……」

と答えました。

それを聞いて、今度は自分に腹が立ってきました。

（アメーバがどれだけ大事な事業か公言しておいて、こんな状態になるまでほったらかしだったのか）

（自分が責任を負わず、社員に押し付けていただけなのかも知れない）

自分のこの事業に賭ける思いが、現場に全く届いていないことをそこで確信しました。

そして、それまでの自分の経営者としての無責任さに、唖然としました。

そしてやっと気がついたのです。

（自分が変わらなければ……）

私はその頃、社内の誰よりもアメーバブログを更新し、使っているという自負がありました。

私の書いていた「渋谷ではたらく社長のアメブロ」は、検索エンジンで「社長ブログ」と入れると一番に出るほどに人気を集めていたのです。

だから、ヘビーユーザーとしてアメーバのダメなところや改善してほしいところについては、自分が一番分かっていました。

しかし、アメーバ事業部の中では本部長の渡辺すらもほとんど自分のブログを更新していませんでした。そこで働く社員たちがアメーバに対する愛情も誇りもない状況であることに、今さらながら気づかされることになったのです。

しかも、社長である私も外様《とざま》扱いで、現場は私の指示を素直に聞くような状態ではありませんでした。

この現場の現状を思い知ったとき、それまでの自分が間違っていたことに気がつきました。

(このままではいけない……)

(自分を変えなければ、会社は変わらない……)

しかし、どう変えていけばいいのか。

私は、しだいに追い込まれていきました。

7

この間、2006年から2007年にかけての決算は、投資していたミクシィの株を売却しながらなんとかしのいでいました。

しのいでいる間にアメーバを立ち上げ切らなければ、次の収益源はなくなり、サイバーエージェントの成長は止まります。

しかしながら、アメーバはいつまで経っても一向にユーザーが増えず、アクセス数も伸びていませんでした。

伸びないアクセス数に対して何とか現状を打破したいと焦っているのは、社内を見渡しても私だけのような気がしました。

それには、空前のブログブームが過ぎ去り、他社のブログも同じようにアクセス数が伸びなくなっていたことから来る安心感があったのだと思います。世界的にもブログサービスは伸び悩み始めていました。

「うちだけじゃありませんよ」

そう言って他社の数字を見せて、説明してくる担当者の話は耳に入りませんでした。

私としては、こんなところで止まるわけにはいかないのです。

（ブログの可能性はこんなもんじゃない筈だ）

（主力メディア事業に育てようと考えているブログの規模はもっともっと巨大なんだ）

そんな私の熱い思いは誰にも届いていないようでした。

他社と比べて似たようなものだから、もういいでしょう、と考えたら事業はそこで終わりです。

私は起業家だから、前例がないところにでも市場を切り開いていくつもりでいました。

しかし、そんな思いとは裏腹に、もうブログは頑張ってもたいして伸びないと考え始めた社内には、油断した雰囲気が蔓延していきました。

そんな危機的な状況を反映したかのように、社内の営業部門と技術部門にあった確執が、表面化し始めました。

技術を軽視した社風に、技術者たち自身も苛立ちを感じ始めていたのだと思います。

その頃のサービスは、企画や営業が先導して開発し、リリースするたびにすべて外していたからです。

時間をかけて、精魂込めて作り上げたサービスがことごとく失敗することに、技術者が怒り始めたのです。

私はアメーバを完全内製にすると宣言してから、社内の体制作りを急いでいました。

技術者を中心として、良いサービスを作れる体制を築かなければなりません。

しかし、長年培ってきた営業中心の企業文化はそう急に変われるものではありませんでした。

その頃、アメーバの動画コンテンツの中で、ある対談を行った私は、ニュースで取り上げてもらえそうだと考え、話題作りの目的で、

「アメーバの技術部門を何とかしたいから堀江さんをＣＴＯ（最高技術責任者）に迎えようかな」

と言ったことがあります。

この発言は、あくまでも冗談っぽくですが、スポーツ新聞などで取り上げてもらい、宣伝としては良い形になったと思います。

その頃、裁判中だった堀江さんは失業中でしたし、以前からサイバーエージェントの技術力を揶揄《やゆ》していたこともあって、「満更、あり得ない話じゃないかも？」と色めきたった人たちもいたようです。

現実味はないものの、この冗談で言ったことを巡って、開発部門では「それなら辞める！」と言い出す人や、上司に「本当ですか？」と喰ってかかる人まで出てしまいました。

元々、堀江さんが公然とサイバーエージェントの技術力を馬鹿にしていたこともあって、

現場の技術者は堀江さんに対して良い感情を持っていなかったのです。

ただ一時社内は戦々恐々とした雰囲気になりました。

それだけ当時は、ライブドアなどと比較してアメーバは技術力が弱いと世間に思われていたのです。

8

私は、自分でも温厚な性格の持ち主の経営者だと思っています。

しかし、アメーバが最後の切り札になってからは、経営のスピードの遅さにいつも苛立つようになっていました。

その頃の私は、なるべく社内でイライラした姿を見せないようにしていたつもりなのですが、そのストレスからか、夜は浴びるように酒を飲み、眠りにつく直前まで自宅で葉巻を吸い続ける毎日でした。

どんなに遅く帰宅してもそこから酒と葉巻をやり始め、頭が朦朧としてくるのを待ちました。仕事のことを考えると焦りや怒りで頭が冴えてしまい、まさに気絶するように頭のスイッチが切れないと眠れなかったのです。

自分でも、

（これじゃあ体のほうがいつまで持つか分からないよなあ……）

ということは朧《おぼろ》げに分かっていました。

それでも、そうしなければいられないほど、ストレスを溜め続けていたのです。

アメーバ幹部との関係もストレスの原因になっていました。

当時のアメーバの本部長たちに、何かを指示したり、問い合わせたり、確認しても、返事がなかったり、あやふやな答えが返ってきたり、まるで暖簾に腕押しのような感覚でした。

今まで任せてくれていたのに、私が急に口を出してきたことに戸惑っていたのかも知れません。

任せてきたけどダメだった、待っていた結果がダメだった、これでまたダメだったら……。

そんな悠長なことは言っていられない状況でした。

時間がない私はひどく焦っていました。

しだいに、

（もっと満額回答をくれるやつを揃えなければ……）

そんなふうに考えるようになりました。

満額回答というのは、何かを依頼したり、尋ねた時に、その全てにきちんと回答が返ってくるという意味です。

渡辺、佐々木、森田は、自主性が高く、自分で考え自分で決めて動くタイプで、任せて伸ばす時には非常に頼りになる人材でした。

しかし、今必要なのはそうではなく、私からの指示に対しきちんと応え、体制に協力してくれるようなタイプの人間でした。

時間がない。

私のトップダウンの体制を築かなければ、もう間に合わない。

そんなふうな考えが頭を過っていたのです。

9

2007年4月に入社した新入社員に配属の希望を聞いた時が、決定打になりました。

その年は110名の新卒社員が入社してきていました。

サイバーエージェントでは、多岐にわたる事業部がそれぞれ新卒に対して自分たちの事業の魅力をプレゼンテーションして、新卒が自分で配属希望を出せるようにしていました。

しかし、将来を担う新卒たちにとって、将来の主力事業となるはずのアメーバ事業部は、この年も大変な不人気だったのです。

他部署の責任者が、なんとか優秀な若手を配属してもらおうとプレゼンテーションに精を出していたのも影響したのだと思います。しかしながら、アメーバ事業部の責任者である渡辺は、自分でプレゼンテーションをやっていませんでした。


私は渡辺を呼び出して、更迭を言い渡しました。

そして、自分が事業本部長に就任する旨を伝えたのです。

渡辺を前に、

「事業部長は俺がやる。交代しよう」

その言葉に、渡辺は無抵抗でした。

むしろ、ほっとしていたのかも知れません。

その頃役員会のメンバーだった渡辺は、アメーバ事業の重要さを存分に理解していたし、なんとかしたいという気持ちは人一倍ありました。

しかし、そのとき事態を打開できる見込みは何一つありませんでした。私に無理難題を押し付けられて、苦しい状況にずっと耐えていたのです。

渡辺には、そんな過酷すぎる第一線からの帰営命令に聞こえたのかも知れません。

結局はメディア事業に対するテンションが私とは違っていたのだと思います。

渡辺は黒字化を目指し、私は将来の主力事業に育てたいと考えていました。

社長ではない渡辺は、社内の制度や他の役員との狭間でとまどい、この事業に対してどのくらいの額を使ってよいのか分からなかったのです。

そして、私が描いていた将来像の大きさも、共有できてはいませんでした。

続けて、佐々木、森田の順に幹部を全員更迭しました。

アメーバの幹部を総入れ替えすることに決めたのです。

10年近く経営者をやってきて、ルールに基づくものでも行き詰まったわけでもなく、任せていた人間を更迭するのは初めての経験でした。

正直、間違っていたのは自分自身、という思いもありました。

しかし、そんなセンチメンタルなことを考えていても仕方ありません。

この顚末の最後は自分で責任を持つ。

それは、創業以来こだわっていた、「任せたら口出しせず、支援に徹する」、そんな自分の経営スタイルからの決別を意味していました。

更迭を告げるその時、彼らに言いました。

「これでダメだったら、おれも責任をとって会社辞めるからさ」

この言葉はごく自然に口から出てきました。

（会社を成長させられないならば、サイバーエージェントの経営者である資格はない）

（アメーバを成功に導けなければ、いずれにしても「21世紀を代表する会社を創る」ことはできない）

ずっと胸に渦巻いていた自分の思いが、この言葉になって溢れてきた、そんな感じでした。

しかしながら、その時点では、アメーバが成功する兆しは何もありません。

ずっと起業家として駆け抜けてきた自分の人生で、何か死を覚悟したような、そんな悲壮な響きを持った言葉でした。

そしてこの言葉は、別の取材で来ていた日経新聞で記事となり、残り2年で黒字化させることが公約になったのでした。

第7章　進退をかけて

1

渋谷マークシティ21階、社長室で行われた役員会で、みんなに同じ話をしました。

「アメーバの事業本部長はおれに代わる。あと2年でダメだったらおれは責任とって会社を辞める」

普段からお互いあうんの呼吸で仕事をしていた役員会では多くを語る必要はありませんでした。

その場にいた全員が即座にその意味を理解し、凍り付いたようになりました。

——スタート以来ずっと赤字を垂れ流しているアメーバを、残り2年で黒字化させなければ、責任をとって、自分自身が社長を退任する。

それは、かつてやったような一過性の黒字化という意味ではありません。

また、小さくまとまったメディアではなく、会社の危機を救うような巨大なメディアに育てることが条件でした。

「サイバーエージェントの屋台骨にならなければ」という意味です。

その言葉の意味するところをすぐに理解した役員たちは皆、押し黙っていました。

「いやいや……」

と誰かが言った後は、会話が続きません。

当時は誰一人として本当にアメーバが屋台骨になるとは考えていませんでした。

私が退任する確率が高いと皆が捉えていたのでしょう。

そして何よりも、私が有言実行タイプであり、一度口に出したことは実際にやる性格であることは、皆がよく分かっていました。

重苦しい空気になってしまった場を和ませるために、私は軽い口調で言いました。

「だって仕方ないじゃん。これ以外、他にないんだからさ」

出席していた全員が、私が会社を去る決断をしたと受け取ったのかも知れません。

私だけが、2年以内にアメーバを巨大メディアに必ず育てられると、信じて疑っていませんでした。

サイバーエージェントのビジョンは「21世紀を代表する会社を創る」です。

20世紀の日本で生まれ、世界に誇れる会社になったホンダやソニーのようになろう。そのくらいの売上規模、従業員数、世界的にも成功を果たし、そして社会への影響力を持つ会社になることが目標です。

今くらいの規模で、成長が止まっていいはずがありません。

このくらいの難局を打破することができない経営者は、潔く退くべきであると私は覚悟を決めていました。

2

会社を変えなければなりませんでした。

そして、自らも変わらなければなりません。そうでなければ会社は動かないからです。

そう考え、まずは環境を変えました。

それまでの私は、一応は「アメーバ総合プロデューサー」という肩書きを名乗りながらも、実際にはアメーバ事業部とは違うビルの、マークシティの21階で働いていました。麓にあったアメーバのオフィスに顔を出すこともなく、鷹揚に構えて仕事をしていたのです。

一番厳しい現場に、自らも身を置かなければ、一緒に戦うメンバーから信頼を得られるはずがない。

そんな簡単なことさえも、それまでの私はずっと放置してきたのです。

引っ越しは2007年7月でした。

7年過ごしたマークシティ21階の社長室を離れ、アメーバ事業部が入るビルに社長室ごと移動して何かが変わりました。

私が過ごしたマークシティ21階の同じフロアには、広告代理部門が入っています。サイバーエージェントで一番元気な部署です。長年、広告代理部門の営業の社員と日常的に接し、社長として彼らを動機づけていたつもりでした。

ずっと引っ越せなかった理由は、彼らの士気が下がるのが怖かったのです。士気の低下がそのまま営業数字に表れる部署でした。

その引っ越しは、社長がいて広告代理部門が入居する、そこがサイバーエージェントの中心であるということからの決別の瞬間でもありました。

元気のいいやつが多いという社風、広告好きな社員たち、私も大好きなサイバーエージェントのカルチャーが名残惜しいからと言って、そこにしがみついていては先へは進めません。

麓のオフィスに引っ越した私は、アメーバ事業部の社員全員をフロアに集め、黄色いメガホンを片手に声を張り上げて言いました。

「我々は一致団結、一蓮托生、アメーバがこけたら皆こける！」

背水の陣であることを伝えて、団結を呼びかけたのです。

その時の自分のスピーチはうまくいったとは言えませんでした。いや、むしろ滑ったといったほうがいいかも知れません。しかし、私の不退転の覚悟を感じ取ってくれたのか、不思議と何か現場から熱気のようなものが伝わってくるのを感じました。

「もうやるしかないですね、社長！」

席が近くなった私に声を掛けてくれる社員も現れ、ようやく同じ会社の同じ仲間になれた気がした瞬間でした。

次に、自分のスケジュールをアメーバ関連の予定で全て埋め尽くしました。

今までやっていなかった現場との打ち合わせをぎっしり詰めたのです。

それ以外の予定は基本的に一切入れないと決めました。

社長業で力を入れてきた、採用、取材対応、ＩＲなども一切止めてしまいました。

自分にも集中が必要な時期だったのです。


出社する時の服装も、アメーバで働くエンジニアと同じようにカジュアルなものに変えて、スーツを着るのをやめました。服装がカジュアルだと、不思議とみんなリラックスして接してくれます。

渋谷マークシティのオフィスビルではスーツが基本でしたが、麓の道玄坂に降りてみると、その近辺の街並みの雰囲気からもスーツを着ているほうがアウェイな感じです。

服装からも、同じゴールを目指すチームの仲間であることを伝えたかったのです。

3

本部長を全員更迭してしまった私は、新たな幹部を揃えなくてはなりませんでした。

前回の反省から、今度は組織のトップを任せておけるタイプではなく、私からの指示・命令を完璧にこなしてくれるメンバーを探しました。

つまり私の考えを百パーセント理解してくれて、同じ目標に突き進んでくれる、「満額回答をくれるメンバー」を集めようと考えたのです。

まずは私が一切見ないと決めていた収益部門を的確に見てくれる人材を探し出しました。収益部門のGM（ゼネラルマネージャー）には、小池政秀（現・取締役）を連れてきました。

彼は長く日の当たりにくい、本流から外れた部署で仕事をしていました。私からの異動の打診には二つ返事でOKしました。

私の直下で仕事をするメディア部門のGMには長瀬慶重（現・執行役員）を内部から抜擢しました。

技術者出身なので、開発現場とのコミュニケーションに強く、私と二人三脚でメディアの拡大を担う役割を任せました。

エンターテイメント部門のGMにはまだ入社2年目の藤井琢倫（現・アメーバ事業本部広告・エンターテイメント部門統括）を抜擢しました。

彼は入社直後、社長室で私のアシスタントとして運転手などをしていました。社会に出てからすぐに私の側に置いていたので、私の考え方や仕事の進め方などを把握している人材でした。そこで、芸能人ブログ強化と同時にアメーバに投入し、芸能プロダクションの開拓で実績を挙げていました。

その彼を責任あるポジションに就け、より動きやすくしたのです。

さらにアメーバの部署をサイバーエージェントらしい前向きで元気な企業文化に変えるために、社内から新卒社員を数人ピックアップして異動してもらいました。

その頃は、部署全体が自信をなくしてしまって、元気のない状態だったのです。

それでも将来のためにさらに増員することによって、まだまだ投資する私の強気な姿勢と、それとともに最後の勝負に出たことを示したのです。

4

アメーバの新GMに就任した全員を集め、会社とは場所を変えて、初めての「アメーバGM合宿」を横浜のホテルで行いました。

そこで、私はさまざまな使命を新GMに伝えました。

「まず最初に言っておくけど、勝負は残り2年で決まる」

全員に認識してほしかったのが、アメーバの運命を決めるデッドラインが、2年後の20

09年9月であるということです。

その時点でアメーバが〝なんとかなっている〟状態にならなければ、私は責任をとって退任するし、アメーバは解体されるのだ、ということを認識してもらったのです。

こんな厳しい状況だったにもかかわらず、私が集めた「満額回答してくれるメンバー」は、現状打破に向けて燃えに燃えていました。

抜擢されたばかりだったからかも知れません。しかし、新しいチームを心強く感じました。

そしてこの合宿で、アメーバ部門の目標をまずは「8か月後の2008年3月に月間30億ページビューを達成する」と決めました。

目標を8か月という短い期間に設定したのは、できるだけ早く達成体験を味わってもらい、組織に自信をつけさせたかったからです。

アメーバ全体の目標も、売上などは関係なく、期限までにページビューが○億超えたら熱海旅行、△億超えたら沖縄旅行というインセンティブを設定しました。象徴的なインセンティブを掲げたのは、目指すのはページビュー一本であるということを伝えるメッセージでした。

しかし、当時のアメーバは、2004年から丸3年続けてきて、やっと15億ページビューに届いた程度でした。そこから8か月で30億ページビューまで伸ばすというのはウルトラCでも使わなければとても現実的な目標とはいえませんでした。

なぜ30億ページビューなのか？

それは、メディア営業の経験が豊富な、収益部門GMの小池政秀の言葉を無条件に信じてしまうことにしたからです。

「大体メディアは月間30億ページビューくらいを超えると、広告が自然と集まり始めます」

「へー、30億なんだ」

「ええ、大体」

「じゃあ30億まで伸ばすのは俺がやるから、収益のほうは任せた」

そう言って、小池と役割分担しました。

「そんなぁ、あくまで一般論、というか感覚値ですよ」

焦ったように小池は言いましたが、私は微笑むだけでした。

（正直、おれにも正しいかどうかなんて分からないよ……）

ただ分かっていたことは、先頭を行く私が揺るぎないリーダーシップを発揮しなければならない、ということ。

そしてブレる姿だけは決して見せてはいけない、ということでした。

（30億ページビューいってもダメだったらその時また考えればいいや。とにかく今は信じ込もう……）

「30億ページビューを目指す！」

この数字はあっという間に目標として、アメーバ事業部全体にくまなく浸透していきました。

そしてその無謀とも言える目標に向かって、組織が一つになっていったのです。

5

アメーバを見ていた渡辺を更迭するきっかけになった、新入社員を前にした事業プレゼンテーションをやり直し、配属希望を出し直してもらい、数名をアメーバに配属しました。

その2007年に入社した新入社員を中心に、7名で構成されたプロデューサー組織を初めて作りました。

私が総合プロデューサーなので、直属の部下たちです。

彼らの持つ目標は、「ページビュー数」ただ一つ。


このプロデューサーという職種を作ったことは、アメーバにとって大きな転換点になったと思います。

それまでのアメーバのすべてを見直し、ページビュー数をできるだけ伸ばしていくことに責任を持つのが、サイバーエージェントのプロデューサーと位置づけました。

部下のプロデューサーとの仕事や育成を通じて、私自身も、プロデューサーとしてのキャリアをここで積んでいきました。


新卒で何も分からない社員への課題は、「ページビュー数を伸ばす」こと。

その課題を考えていくと、まず一番重要なのは、サーバのレスポンスを上げることでした。

快適なレスポンスが最もページビューに影響します。

サイトがサクサク動くようになり、より使いやすくなっていった先に、便利な機能や面白いコンテンツなどが必要になるのです。

それを考えていくと、改良しなくてはならない箇所は数え切れないほどありました。

その課題をそれぞれに背負ったのがプロデューサーでした。

そしてそのプロデューサーは、新規のサービスを作ってページビュー数を増やせば評価され、改善案を出してページビュー数を伸ばせば評価され、イベントなどを行いページビュー数を増やせば評価され、とにかくページビュー数を伸ばせば評価されるという組織にしました。

私自身のミッションも、メディアを伸ばす（ページビューを伸ばす）ことにのみ集中していたので、その部下の仕事として理に適っています。

この組織を率いて、部下のプロデューサーがユーザー視点に立っていないサービスを企画したり、正しく改善がなされていない時は厳しく叱責しました。

何度言っても分からない時は、口汚く罵ることさえありました。

会議の最中にプロデューサーを泣かせてしまうこともありました。

また、アイデアは決して人任せにせず、最後まで自分が全部責任を持って考える姿勢で臨みました。

単に問題点を指摘するのではなく、「こうしたらどうだろう？」「こうこうこういう感じで直してくれ」というふうに、具体的で細かな部分まで自分で見ることにしたのです。

そしてユーザーにとって何が正しいのかという判断は、最終的には誰にも委ねず、全て私が独断で決めるようにしました。

まだその頃は自分のプロデューサーとしての経験も浅かったのですが、アメーバのヘビーユーザーである私には、何がユーザーにとって有益なのか、何が不便なのか、その判断基準は誰よりも自分の中にあるということには自信がありました。

もちろん社員の言っていることのほうが正しいこともあります。でも、社員の主張が、心の底からそれが最高だと信じているものなのか、無責任なものなのかは見分けがつくようになっていました。

私が誰よりも本気でこの事業に取り組んでいたからです。

アメーバにはさまざまなサービスが存在します。しかし、ユーザーにとってはアメーバという一つのサービスです。

その総合プロデューサーである私が、統一した基準で全ての企画や修正点を見ていくことは、非常に合理的なことでした。

ただし本当に全てを見ることは時間的に不可能なので、私のチームメンバーとして役割を分担してくれるプロデューサー組織を作り上げたのでした。

「ユーザー視点」という言葉は、当時のアメーバでも皆が一応は口にしていました。しかし、本当にそうだとは私には感じられませんでした。最初はユーザー視点を大事にして開発を始めても、さまざまな利害関係、リソース調整、技術的な制約、スケジュールなどに振り回されて、最後は全く違ったものになっていました。また社員にとってみれば、なんだかんだ言っても、最後は収益を上げていないと会社では評価されないのではないかという気持ちもあったのだと思います。そう思わせてしまう会社にも責任があります。

そうではないということを、社長が身を以て伝える必要がありました。雑音に惑わされず、ユーザー視点を貫く強いリーダーが必要でした。誰よりもアメーバを使っていた私が、ユーザーにとって何が正解なのか、正しく判断する必要がある。自らの背中を見せて伝えなければ、いつまで経っても良いものを作れる会社にはなれません。

「収益は一切見ない」

総合プロデューサーであり社長である私がそう宣言してからは、実際に誰から見ても分かるほど、全く収益を見ていないし、気にも留めていませんでした。

ひたすらページビュー数を増やすことだけに集中していたのです。

「でも、これどうやって稼いでいくのでしょうか？」

そんな言葉を社員から聞くと、お前はいったい何を言っているんだ、というような呆気にとられた顔をしてみせました。

今さら説明する必要などないし、考える気もないという意味です。

私が知らない広告枠が新しくできていたのを発見した時には、社内のスタッフがそのまま硬直するほど、

「誰がやったんだ、これは！」

と怖い顔をして怒りました。

「ここに広告入れていいですか？」

そんな質問をしてきた社員には、厳しい口調で100年早いと追い返しました。

普段は温厚な私が、社内でちょっと怒るととても怖かったのだと思います。

「社長OKが出ないんだよ……」

この言葉はやがて組織の共通言語になっていきました。

どんなに時間をかけて開発したサービスでも、私がOKを出さない限り、絶対にリリースさせなかったからです。途中でユーザー視点からブレたサービスは、世に出さないと私は決めていました。

そんなふうにして、しだいにアメーバはページビュー至上主義の組織に生まれ変わっていきました。

6

私はプロデューサー組織を通じて、現場への直接の指揮系統を持ち、サービスの非常に細かいところまで見ることが日課になっていました。

新規のアイデア出しから、コンテンツ、ページ構成、文言、デザイン、レイアウト、UI（ユーザーインターフェース）に至るまで、全てに関わり、口を出し、自分の確認が必要な体制に変えていったのです。

私に黙って勝手にリリースしたものの出来が悪ければ、担当者を厳しく叱りました。改修してほしいと指示を出したのに直っていないと、その部署まで行ってなぜ早く直さないんだと説明を求めました。

ページビュー数を伸ばすためにわざと不便な画面遷移を導入しようとした企画には、本末転倒だと激怒しました。

小手先のテクニックではなく、本当に便利で使いやすいサービスを作れば、ページビュー数は自然と伸びてくるはずなのです。


何よりも「素晴らしいプロダクトを生み出していけば何とかなるんだ」という意思を伝え続ける日々が続きました。

それは口先だけの伝達ではなく、トップである私が隅から隅まで目を配っていることを伝えることだったのです。

そうしないと、皆頭では分かっていても必ずブレていく……その怖さも、その頃の私は痛切に感じていました。

逆に良いサービスを作ってページビュー数を伸ばす働きをしたメンバーは、大げさに褒めたり、豪勢な食事をご馳走したりもしました。

特にヒットサービスを開発した技術者は、私自ら最大級に手厚く扱うようになりました。

相当大きな判断まで任せていた頃とは、極端なまでに真逆でした。

社長業を始めて9年経って、それまでと仕事のやり方を百八十度変えてしまったのです。

四半期に一度行われる決算説明会の場でも、私はまるで社長業を放棄したかのように、それまで7年以上、ずっと自分でしてきた会社決算の説明を止めました。

「おれはアメーバしか話さないから、他のパートは豪（中山）がやってよ」

決算説明会のプレゼンテーションでは、私はアメーバの可能性についてのみ話しました。

つまり、メディア事業がサイバーエージェントにとっていかに必要な事業であるか、またメディア事業がもたらす可能性についてだけ、です。

しかし投資家はアメーバには全く興味がない様子でした。アメーバについては、赤字を出さなければいい、くらいの興味しか持ってもらえませんでした。

「いつその赤字が止まるのか？」

そんな質問を受けると、社内で言っていたのと同じ調子で繰り返し答えていました。

「売上は一切見ていません」

「30億ページビュー超えたら勝手に売上は伸び始めるでしょう」

(どんなに無関心でもずっと同じことを言い続けるんだ)

(言い続けたことが現実になって初めて信頼を得るんだ)

この考えは、上場してから黒字化するまで、投資家からの罵声を浴びながらも決算報告をしていた経験から学んだことです。投資家にとっては、社長の発言に一貫性があることが安心感につながるのです。

とはいえ、決算説明会に集まった市場関係者は、社長から毎四半期、ほとんど関心のない事業について延々と説明を受けることになるのでした。

まだその頃は、サイバーエージェント全体としては結構な利益を出していたので、投資家としては他の事業について、社長である私から説明を受けたかったのだと思います。

実際、

「××について藤田社長のご意見を」

という質問に対しても、

「アメーバに集中していまして、よく分かりません。詳細は中山から」

とかわし続けました。

投資家に対しても、本気であり、ブレない姿を見せ続ける必要があったのです。

7

最終的に全て自分が一人で判断し、責任を持つ体制に変えたものの、私自身のプロデューサー業務も発展途上でした。この間の多くの決断を通じて、自分自身も新たなキャリアを積んで成長していく過程にあったのです。

経営者として長年「メディア事業」に取り組みながらも、それまで取り組んでいたのは「事業」であって、「メディア」や「コンテンツ」ではありませんでした。

なぜ今までのアメーバのサービスはこけてばかりだったのか。

ユーザーとひたすら向き合い、現場と一緒にサービスを開発していくことで、少しずつその原因が見えてきました。

従来のメディア、たとえばテレビなどは、コンテンツの企画力や人気タレントのキャスティングなどで視聴率を伸ばします。

ネットの場合、テレビでの視聴率に当たる「ページビュー数」を伸ばすためには、仮にコンテンツの力が3割くらいだとすると、残り7割は技術力なのです。

快適な「サーバレスポンス」や、画面遷移やレイアウトやデザインなどの「UI」といった技術力がページビューを伸ばすのです。

テレビの視聴率が収益に直結するのと同じように、大まかに言えば、インターネットのメディアもページビュー数が収益に直結します。

テレビ局のプロデューサーが視聴率を稼ぐためにコンテンツを強化しようと考えるのと同様に、我々はページビュー数を稼ぐために、何より技術力を強化しなくてはなりませんでした。

8

アメーバを完全に内製化させるのは、大前提として必要な手順でした。

2006年には一度、サイバーエージェントが技術部門を強化することを大々的に打ち出していました。

その時になりふり構わず採用した約50名の技術者は精鋭揃いでした。

しかし、彼らが入社してきても、社内の温度感はまだ技術を重視していこうという状況には到底至っていませんでした。

技術者を大事にしなければ、という思いはあったものの、社内の雰囲気は決してそうなってはいなかったのです。どちらかと言えば、「会社は技術者を二の次、三の次くらいにしか考えていない」と思われていたでしょう。それだけサイバーエージェントは広告や営業に強い会社だったからです。

しかし全てを内製しようと目指し始めた頃から、少しずつ社内は変わってきました。

プロデューサーは自らの考えたサービスをどうすれば実現することができるのか、必死になればなるほど技術者と密にコミュニケーションを取っていきます。

技術者自身も、自分のアイデアが実現化していくルートが明確になって、変化を感じ始めたのだと思います。

こうして皆が一緒のチームでやっているんだ、という思いが満ちている組織が徐々にでき上がりつつありました。

私はなんとなく苦手意識もあって、避けていた技術者との打ち合わせを、意図的に増やすことにしました。

開発会議に参加して、よく分からない技術用語が飛び交っていても、なんとか大枠を理解しようと努めるようになりました。

プロデューサー経由で聞いていた新しいアイデアも、技術者を交えてのディスカッションを行うようになって、より意思の疎通が楽になっていきました。

そのほか、アプリコンテストを行ったり、エンジニア出身のプロデューサーを増やしていったり、技術者のアイデアを形にするための体制を着々と作っていきました。

また、新卒採用でも、エンジニア採用を始めました。

それまでは、採用している中に、たまたま何人かエンジニア志望者が紛れ込むというような形でしか採用していませんでした。普通の公立高校の野球部のようなものだったのかも知れません。我々も高校野球に力を入れている私立高校のように、野球推薦で入学を募るように採用することにしました。

エンジニアの採用数を決めて採りにかかったのです。

またその頃から、社外の方との会食を極力減らし、アメーバの社員、特に技術者と食事に行く回数を増やしました。

そのたびに、自信を喪失している社員を激励し、やる気がある社員のモチベーションをより向上させ、現場の声に真摯に耳を傾けました。

そして、酒を飲みながら皆でアメーバの未来を熱く語り合いました。

一緒に食事をすることは、地味な積み重ねではありますが、効果は絶大でした。

それらの積み重ねの甲斐あって、徐々に多くのアメーバの技術者たちが、

「アメーバを絶対に成功させたい」

そんな思いを強くしていったのです。

9

ずっと伸びなかったアメーバのページビュー数が、徐々に角度を変えて伸び始めました。

それまでブログのトップを走っていたのはライブドアブログです。

インターネットのメディア事業は、頭一つ抜けたらそのまま10馬身くらい引き離される、〈Winner takes all〉の世界であることを知っていた私は、引き離されることにいつも怯えていました。

しかし、盟友である堀江さんが逮捕されたライブドア事件によって、ライブドア自体のイメージが悪化し、ユーザーが離れていってしまいました。

つまりブログサービスはトップ不在の混沌とした状況に変わっていたのです。

皮肉なことに、それが出遅れたアメーバにとって幸いしました。

また、ブログの競合環境も和らいでいました。

ブログが日本で普及し始めた04年当時こそ、各社が一斉にブログサービスの提供を始め、我先にと競い合うようにサービスを充実させていましたが、それから3年経って、どこもろくな収益部門には育っていませんでした。

それは国内だけでなく、世界中のブログサービスが同じ状態でした。

これが何かの商売になるのかどうかも、疑問視され始めていたのです。

ページビュー数の伸びも、どのブログサービスも横ばい状態でした。

それでもブログの可能性に賭けようという経営者は、私を除けば当時、堀江さんただ一人だったのです。

もしかしたら世界で堀江さんと私の二人だけだったかも知れません。

その堀江さんが逮捕されて、あえなくリタイアを強いられました。

ふと周りを見渡してみれば、ムキになってブログサービスの機能を拡充したり改善を加えたりして進化を試みているのはもはや私だけしかいない状況でした。

「それで仮にページビュー数が伸びたとして、それ儲かるんですか？」

投資家からも、冷ややかな声をかけられました。

膨大なページビューや会員数を持ちながらも全く収益にならなかった、ネットバブル時代のフリーホームページ事業や、メールリスト事業のことが脳裏を過ります。

「大丈夫です。経験上なんとかなります」

そう答え続けました。

自分なりにブログサービスの将来像は描いていました。柱になるようなメディア事業へと成長させると言った根拠も全くないわけではありませんでした。

しかし、正直に言えば、競合が誰もいなくなった状況が不安ではありました。

また、収益化に関して確たる自信は、本当はありませんでした。


（中途半端にやっと黒字化させるんじゃ意味がないんだ）

（ブログは必ず巨大なメディアに成長できる）

（突き抜けなければアメーバも、おれも終わりだ）


私はそう覚悟を決めていました。

しかしそれは、その道が正しいのかどうか、その先にゴールがあるのかどうかも分からないまま走り続ける、孤独なマラソンのようでした。


過去4年にわたって増収増益を達成してきた業績も、予想していた通り、減益し始め、将来に影を落とし始めていました。

減益しながらも新たに作成した中長期計画では、〈2013年に営業利益を300億円〉という目標を打ち立てていました。

この数字は、アメーバを、メディア事業を成功させなくては達成できない数字です。

しかしアメーバが成功することは、まだ誰からも信じられていませんでした。

それはブログのページビュー数を伸ばして収益化した成功例が、国内だけでなく海外を含め、世界中どこにも存在していなかったからです。

（ひょっとしたら間違った方向を向いて走っているのではないだろうか？）

（石油が出ないところを掘り続けているのではないだろうか？）

独りになると、そんな不安が毎夜脳裏を過ります。

しかし、目の前の道を前に進むより他にありませんでした。

10

私がアメーバに専念する一方、金融機関や大手広告代理店からは、

「そんなにアメーバに専念するなら広告代理部門を売却しませんか？」

という話を再三持ちかけられました。

広告代理部門は、数百人が働くサイバーエージェントのカルチャーのコアとなる部署です。赤字を垂れ流しているわけでもありません。インターネット広告の売上規模は相変わらず国内ナンバーワンでした。

そんな部門を売れる筈がありません。ましてや同業者に売却を持ちかけられることは屈辱的でもありました。そういう時は決まって、

「アメーバは素晴らしいと私は思ってるんですよ」

と見え見えのお世辞を言われ、そっちに専念したらどうかと提案されました。

私はただ、結果が出るまで耐え忍ぶしかありませんでした。

広告代理部門で取扱いのあるメディア企業の社長からは、ライバルにもなり得るアメーバを指してこう言われました。

「サイバーさんはアメーバさえやらなければ良い会社なのにね」

おとなしく代理店だけをやっておけばいいという意味だったのかも知れません。この言葉

に反論するには、アメーバを成功させる以外にないことは私もよく分かっていました。

ある日、会社の行く末を心配した他部門の社員が数名で集まって、専務の西條のところに、進言に行きました。

「西條さん、社長を止めてください。このままではうちの会社は潰れます！」

将来の見込みがないのに赤字を垂れ流しているアメーバを止めろという意味です。

会社の財務資料を持ち込んで説明したようでしたが、そんなことは西條ももちろん承知の上でした。

私は、そういう行動に出た社員を咎める気にはなれませんでした。

いずれにせよ、あと残り1年でダメだったら私も社長を退き、この会社からいなくなるのです。

（絶対にアメーバはうまくいく……）

（必ず、見返してやる……）

そんな思いを抱きつつも、雑念を振り払うように、私は来る日も来る日も、ただひたすらアメーバのプロデューサー業にのめり込んでいきました。

11

2008年1月、無謀と思われていた目標月間30億ページビューを、2か月も前倒しして達成しました。

「30億ページビュー達成！　おめでとう！」

みんなが一丸となって取り組んでいた目標の早期達成に、社内も沸き返っていました。

アメーバ事業部全体が、自分たちのやっていることに自信を持ち始めているようでした。

ともあれ、私がやみくもに信じていた収益担当GMの小池の言葉、

「30億ページビューを超えたら自然と広告が集まってくる」

という節目の数字を超えたのです。

実際、徐々にではありますが、小池の言う通り売上も増え始めました。

ただ、私は売上に関しては、小池からの報告を「へー」と言って聞き流すだけで、数字を把握しようともしませんでした。

（30億ページビューを超えて満足してはいけない）

（本番はこれからだ）

大きなメディア事業に育てるために、この先も急成長を続けなければなりません。収益のことは、30億ページビューを超えれば伸びてくると公言していた手前、正直気がかりではありましたが、自分では一切見ないようにしていました。

それは、時折、不安が芽吹きそうになる自分の心の弱さに打ち克つために、あえてそうしていたのです。ひとたび収益を見てしまうと、メディア事業が育たなかった以前のサイバーエージェントに逆戻りするような気がしていました。

私は30億ページビューの前倒しで自信をつけた社内に対して、間髪をいれずに次の目標を掲げました。

「次は100億ページビューだ！」

（このままページビューを伸ばし続ければいつかは必ず成功する）

（文句を言われても途中で止める気はサラサラない）

自分が向かっている方向は間違っていない、と思っていました。

しかしながら、私は現実から目を逸らしていたわけではありません。

経営者として大局的な視点に立てば、ページビューを伸ばすことがメディア事業を行ううえで、一番避けてはならない重要な指標だと冷静に判断していたのです。

そして、その仕事に自らも含め経営資源を最大限に投じていました。

結果を出すために、思いつく限りあらゆる努力を行い、あらゆる手を打ってきているという自負がありました。

これで駄目だったら仕方がない、というほどやっていたという思いもありました。

12

ページビューは伸び始めました。

しかし、相変わらず社外、そして社内からもアメーバに対する厳しい評価は続いていました。

（30億ページビューを超えたら収益は伸びるはず）

そう信じていたものの、何で売り上がるかなどの見通しは全く立てられてはいなかったのです。

そもそも、アメーバは収益計画を立てようとすらしていませんでした。

株式市場はライブドア事件にリーマンショックまで重なって、投資家は短期的な業績にしか関心がいかなくなっていました。

決算説明会の場では、相変わらずアメーバに関心を持つ投資家やアナリストはほとんどいませんでした。

私は不感症のように、アメーバ馬鹿になり切って、アメーバの将来性を説明し続けました。

投資関係者はもう呆れたように、私に質問するのを諦めていました。

２００７年に退路を断ってアメーバに集中し始めてからは、マスコミの取材を受けるのをやめました。

投資家に関心を持ってもらうことも諦め、IR活動も極端に減らしました。もう二度とブレないために、マシーンのように感情を捨て、アメーバのプロデュース業に専念しました。

しかし、世間の評価は相変わらず厳しいものでした。当時のアナリストレポートには厳しい見通しが並んでいました。

〈2006／6／14
投資判断を「Underweight」に引き下げ。妥当株価120、000円。アメーバ事業が立ち上がらない中、投資育成事業の成長鈍化を見込み、業績予想を大幅下方修正〉

〈2006／8／4
会社側は、2006年9月期をブログメディア「アメーバ（アメブロ）」を高収益な自社媒体に育成するための先行投資期間と位置付けているが、これまでのレポートで繰り返し、「先行投資が終わらない（≒高収益な自社媒体を立ち上げられないリスク）」を明示してきた〉

〈2007/2/8
「アメーバ事業さえ黒字化すれば業績好転へ」という状況ではなくなった。
投資育成事業に大きく依存する同社経営戦略の限界が強く感じられる四半期決算であった。
アメーバのページビューをどのようにマネタイズするのか、その戦略・戦術が見えてこない〉

〈2008/2/18
会社側はアメーバ関連事業のページビューが2008年1月にPCとモバイルを合わせて月間30億を達成したことで、今後の事業展開に自信を深めている。
但し、広告主の声、ネット広告業界ではページビューよりもリーチが重視される点から、慎重な見方を継続する〉

〈2008/11/12
残念ながら、「インターネット総合カンパニー」ではなく、「外貨証拠金取引企業」という見方〉

２００８年の年末の株主総会では、

「いったいどうやったらアメーバは儲かるのか！」

「タレントに金を払っているから赤字なのか！」

株主からはそのような罵声が飛び交っていました。

タレントがアメーバに集まってきたのは金を払ったからではありません。

「2年と約束した以上、あと1年だけ待ってほしい」

私はただそれだけを繰り返しました。

13

２００８年3月18日、会社は創立10周年を迎えました。

自分でアメーバを2年で何とかすると宣言してから、残り1年の勝負でした。

ちょうどその日は、私が好きなＨＩＰＨＯＰアーティスト、ＳＥＥＤＡのアルバムの発売を記念したライブの日でした。その直前に発売されたアルバム「HEAVEN」は、独りで耐え続ける心を自由に癒やしてくれるような傑作でした。

ライブの会場は、道玄坂上、会社のビルのすぐ裏手にあるラブホテル街の一角にある「shibuya O-EAST」。私は会社から一人で歩いて会場に向かいました。

その日は、SEEDAだけでなく、OKI（fromGEEK）、NORIKIYO、BRON-Kなど、ブレイク寸前の実力派の若手ラッパーが次々に登場しました。

そして、最後に登場した札幌から来たTHA BLUE HERBが圧巻のステージを披露してくれました。

そこでラッパーILL-BOSSTINOが何度も繰り返し言っていた言葉が、私の胸に突き刺さりました。

「孤独、憂鬱、怒り、それを3つ足してもはるかに上回る希望」

その言葉に、自分の起業家としての10年間が救われたような気がしました。

この10年の、起業家としての人生の記憶が、頭の中に浮かんでは消えていました。

何のために、こんなにも我慢を重ね、孤独に耐え、それでも前に進もうとしているのか、自分でも時折分からなくなる時もあります。

華やかに見えても、現実の日々は我慢と忍耐の連続でした。

かつての同世代の起業家のほとんどは表舞台から姿を消しました。

成功を重ねるたびに孤独の度合いは増していきます。

それでも、なぜ前に進もうとしているのか——。

「それをはるかに上回る希望があるから」

起業家の人生は、その言葉に尽きるのかも知れません。

アンダーグラウンドで活動するＨＩＰＨＯＰのアーティストのライブに行くと、私はいつも反骨心や向上心を取り戻せます。

この日も「よし、また頑張ろう」という気合いをもらいました。

その日は珍しく、その足で真っ直ぐ家に帰りました。

ライブの余韻が残るまま、私は自宅で独り、パソコンを開いて、「起業家10周年」と題したブログを書き始めました。

そして、ゆっくりと起業家としての自分の人生を振り返っていました。

自分の起業家魂を思い起こし、部屋で一人ずっと考えていました。

創業当初の想い、ネットバブルのこと、堀江さんのこと、アメーバのこと、そしてサイバーエージェントの未来……。

孤独、憂鬱、怒り、そんな日々を撥ね除けてここまで来ました。

希望を抱き、みんなを勇気づけ、不可能を可能にしていくのが起業家です。

「アメーバを必ず成功させてみせる」

創業10周年の日に、改めてそう胸に誓いました。

14

ひたすらのめり込み情熱のすべてを注ぎ込んでいたアメーバのプロデューサー業に、私は少しずつ自信を深めていました。

その私のプロデューサーとしての基礎は、インターネット業界ではない、他の世界の実力者たちとの交流を通じて培われていきました。

2001年に秋元康さんとの仕事をきっかけに、それまでとはつきあう人の種類が変わっていきました。

自分の仕事のスタイルを変えたのは、幻冬舎の見城徹社長の影響が大きいです。

見城社長からメディアの在り方について学んだことはここには書き切れませんが、2冊の共著『憂鬱でなければ、仕事じゃない』『人は自分が期待するほど、自分を見ていてはくれないが、がっかりするほど見ていなくはない』の中でかなり触れています。

2005年頃、私が離婚で落ち込んでいた時に毎晩のように飲みに誘ってくれた松浦勝人社長（エイベックス・グループ・ホールディングス代表取締役社長CEO）は、私の社長業に対する固定観念を大きく変えてくれました。

毎日スーツを着て出社し、上場企業の社長であることに気負っていた私に対し、松浦社長は実に自然体で仕事をしていました。自然体で働き、自然体で遊び、そしていつも流行の最先端でみんなが憧れるような音楽を創りだしています。

堅苦しい社長が経営するレコード会社がヒットを生み出せず業績を落とす中、なぜいつの時代もエイベックスだけが好調なのか、その理由を垣間見たような気がしました。

他にも、千枚CDという番組を制作してくれた当時フジテレビ局員だった吉田正樹さん（現・吉田正樹事務所）、アメーバビジョンの動画コンテンツを数多く手掛けてくれた小山薫堂さん、クラウンジュエルの設立を一緒にやったおちまさとさんなど、多くのコンテンツプロデューサーとの仕事や遊びを通じて、私はしだいにプロデューサーという職業を自分なりに解釈していくようになりました。

そしてそれをインターネットというメディア上に置き換えて、ユーザーを惹きつけるコンテンツの正解は何なのか、自分なりの答えを見つけるようになっていきました。

15

アメーバが勢いよく伸び始めた最初の理由は、芸能人ブログでした。

インターネットのメディアは、本当は技術力を高めてページビューを伸ばさなくてはなりません。

しかし、技術力の体制作りには時間がかかっていたため、アメブロのページビューの成長は芸能人ブログに頼ることになりました。

私は先頭に立って芸能プロダクションとの関係作りを強化していったのです。

芸能人のブログが当たると、それが大きくそのブログサービスを伸ばすことは、みんなが知っていることでした。しかし、本格的に芸能プロダクションに営業活動をしている会社がないことに私は目をつけました。

特命を与えて投入した藤井琢倫に対して、芸能人の知名度や検索数に応じてポイント化し、そのポイントの総合点を彼の目標としました。

芸能プロダクションは会社対会社の取引とはいえ、人とのつながりを大事にするので、私自身も関係強化のためにプロダクションの人と食事に行ったり交流の機会を増やしていました。

そういった営業活動が実を結んだのは、谷口元一さん（ケイダッシュ）のお蔭でした。

全く別の件で会った際に、私が芸能人ブログを増やしたいと考えていると話したところ、快く協力を約束してくれました。

現在は「芸能人ブログといえばアメーバ」と言えるほどの規模を誇っていますが、まだほとんど著名人がいない頃、突破口を開いてくれたのが谷口さんだったのです。

最初に、押切もえさんや山田優さんといった自社の大物モデルのブログを開設してくれて、その後、他の芸能プロダクションも紹介してくれました。

芸能界は、なかなか外の世界から食い込むのは難しいものですが、谷口さんの紹介なら、という形で取引が広がり、アメーバには多くの芸能人がブログを開設してくれるようになっていったのです。

芸能人の方たちが多くブログを開設してくれるようになると、華やかに見える分、誤解も招くようにもなりました。

それは、多額の謝礼や原稿料を支払っているから芸能人が集まるし、その支払いがアメーバの赤字をより大きくしている、というものでした。

これはまったくの誤解です。

芸能人ブログも他のユーザーと同様です。あくまでも芸能活動の一環として、もしくは個人的な趣味として、ブログを開設してもらっていたのです。

ではどうして多数の芸能人ブログが開設されたのでしょうか？

それは、私自身が人気ブロガーだったからこそ思いついた付加サービスが決定打になったのです。

それは、あまりにも悪質なコメントの書き込みには、監視体制を敷いてチェックして削除するサービスをつけたことです。

これには賛否両論がありますが、ネット上に悪質な書き込みをする人のパワーは本当に凄まじいものがあるため、止むを得ないと考えています。

タレントのイメージとか言論統制とかそういうことではありません。

ひどい誹謗中傷を受けたタレント本人が傷つき、精神的に追い込まれてしまうからです。もちろんブログも止めてしまいます。当たり前のことですが、タレントも人間なのです。

この対処方法を提案したことで、事務所側も安心してくれました。

このような対処法と、さまざまな人の協力、そして藤井のチームが営業活動を頑張ったことで、次々とそれまでにはあり得なかったような人たちがアメブロに集まってきてくれました。

イケメン俳優、ビジュアル系バンド、ＡＫＢ48……。

何百人もの有名人が集まったアメブロのアクセス数は時代の羅針盤でした。アメブロのアクセス数の伸びを見ていれば、無名でも、今後人気が出そうなタレントが分かるといった具合になっていったのでした。

人気ブロガーも数多く輩出し、若槻千夏さん、上地雄輔さん、辻希美さんといった殿堂入りするような超人気ブログも次々と生まれていきました。

２００８年には上地さんのブログはギネス世界記録を受賞しています。

これらの人気ブログを得て、アメーバは少しずつ加速し始めました。

こういった結果が出たことによって、当初は芸能人ブログに消極的だった社員も、「こうしたほうがより良くなるのでは」と協力姿勢に変わっていきました。

芸能人の方がしだいに多くブログを開設するようになって、藤井が私に言いました。

「芸能人の８割はブログを携帯で更新してます。ＰＣを使っていないんですよ」

「え？　２割しかパソコンを使わないの？」

「ええ……らしいです」

後からよく調べてみたら、これは藤井がどこかで掴んできたガセネタでした。半分以上は普通にPCを使っていたようです。

しかし、これをきっかけに、大慌てで携帯の機能「アメーバモバイル」を強化していったのでした。

普段からPCをメインで使っている我々は、モバイルを軽視しがちですが、一般ユーザーはまだまだ携帯をメインに使っていました。

出遅れを取り戻すために、私自身もあえてPCを使わず、モバイルユーザーとしてアメーバを使ってみながら、改善を重ねていきました。

私も、若いユーザーが使う絵文字などを習得し、陣頭指揮をとってモバイル強化に乗り出したのです。

16

2008年の秋頃、シリコンバレーに派遣していたプログラマーの名村卓（現・執行役員主席エンジニア）が一時帰国していました。

その時、ちょうどアメーバ事業部内で運営していたプーペガールという女の子向けのアバターサービスを、男性にも使えるようにできないか検討していた最中で、名村はプーペガールを作った張本人でした。

名村は、とても優秀なプログラマーだったのですが、アメーバが軌道に乗らないばかりか、技術者を低く見ていた社風に嫌気が差し、一度は退職したいと申し出てきた社員でした。

私はなりふり構わず技術力を強化しようとしている真っ只中で、一番優秀な技術者に辞められたら困ると焦りました。

辞める理由を尋ねてみると、

「一度はシリコンバレーで働いてみたいんです」

と言うので、

「じゃあ、うちの会社で研修に行ってきなよ」

と言って、研修制度もないのに、なんとか繋ぎ止めるためにシリコンバレーに派遣したのです。

その後、シリコンバレーのエンジニアと交流を深めていたようですが、名村がアメリカ生活に飽きているのは、何となく私も感じていました。

乗ってくるとものすごい集中力を発揮し、燃焼するように仕事をする名村に、新たな課題を与える機会が訪れたのです。

女の子向けのプーペガールを今さら変えるのは無理があったので、私は名村に、アメーバで老若男女みんなが使える公式アバターが作れないか相談してみました。

「できるんじゃないですか」

彼は飄々とした雰囲気で言いました。

「えっと、どのくらいで？」

急げば3か月くらいで可能だという説明を受け、シリコンバレーに戻らず日本でこれを作ってほしいと私は名村に懇願しました。

この少し前に「セカンドライフ」というアメリカ発の3Dアバターサービスが話題になりましたが、サービスが重くて分かりにくいことが理由で流行りませんでした。

我々のアバターは、同じアバターでもブラウザ上で動いて、主婦でも簡単に使えるかわいいサービスというのをコンセプトにしていました。

そのプロジェクトの名前は〝アメーバピグ〟。

名村を中心に社内の精鋭10名程度が集まって、たったの3か月余りで開発したそのサービスは、リリース直後から大ヒットを予感させる反響を得ることになりました。

その反響とは、まず出した瞬間からサイバーエージェントの社員たちがはまっていったことでした。

あまりにはまったせいで、社内の業務が止まっているのではないかと心配になるほどでした。

そして正式リリース後も、私たちの目指した通り、老若男女幅広く受け入れられ、ネットにそれほど詳しくない主婦や若い女性の方にも大きく受け入れられていったのです。

アメーバピグという新しい武器を得た私は、強いコンテンツを持つ会社との連携を強化して一気にメジャー感のあるサービスにしようと考えていました。

一番初めに会いに行ったのは秋元康さんでした。

その頃、秋元さんが長年苦労していたAKB48が、ついに爆発前夜といったタイミングでした。

私がアメーバピグの説明を始めようとすると、

「藤田んとこのアメーバ今なん年？」

「5年です」

「じゃあAKB48と苦節5年同士だね」

そう言って、ろくに内容も聞かず、快くアメーバピグ上にAKB48のエリアの開設を承諾してくれたのです。


次にテレビ局との提携を模索しました。

テレビ局のイベントエリアを、ピグの仮想空間上に実現したいと考えたのです。

ちょうどその頃、初の生え抜き社長として話題になっていた、テレビ朝日の早河洋社長に会うことができました。

「うちに声をかけてくれてありがとう」

早河社長はそう言って、即断で提携を快諾してくれました。

アメーバピグに六本木テレビ朝日ランドが誕生したのです。

また、エイベックスの松浦社長にも会いに行きました。

ネット好きの松浦さんは、「へー」とか「ほー」とか言いながらピグをひとしきり触った後、副社長の千葉龍平さんを呼び出しました。

「見てみなよ、藤田が持ってきたの、面白いよ」

そう言ってくれました。

その後、AAAのライブを皮切りに、浜崎あゆみさんや a-nation のライブ生配信まで、幅広くエイベックスのコンテンツをアメーバピグで提供することができるようになったのです。

17

ページビュー数は今までの停滞が嘘のように伸びていきました。

「アメーバモバイル」「アメーバピグ」「芸能人ブログ」だけでなく、アメーバはブログの域を超えて、さまざまな新機能をリリースしていきました。

ソーシャルネットワーキングサービスに必要な、「メッセージ機能」「足跡機能（ペタ）」「プロフィール機能」「アルバム機能」。

新サービスとして「コミュニティ（ぐるっぽ）」「掲示板（アメバタ会議）」「アメーバプレ

ゼント」「アメーバニュース」「リクエスチョン」といったサービスを立て続けにオープンしていました。

全てが当たったわけではないですが、私がプロデューサーとして全てのサービスに責任を持って見るようになってからは、打率が劇的に改善しました。

ニールセンという国内のネットメディアのページビューのランキングを発表している調査機関があるのですが、毎月その順位を見るのが楽しみになりました。

当初、発表されていた50位の圏外だったアメーバは、毎月ぐんぐんと順位を上げていき、国内５位圏内にまで入るようになっていきました。

小池の話の通り、ページビュー数が30億を超えて以降アメーバの売上はぐんぐん伸びていました。

２００９年には月間５億円を超えて、その後も伸び悩むこともなく順調に伸び続けました。

売上には広告だけでなく、アメーバピグの課金売上も寄与していました。

また、２００７年入社で最初のプロデューサー組織に配属された大辻純平（現・アメーバ事業本部　ゲーム部門エグゼクティブプロデューサー）が立ち上げた、育成ゲーム「ブーシユカ」などの携帯ゲーム事業も寄与していました。

これは広告、アメーバピグ以外に、ソーシャルゲームという新たな課金売上が生まれたことを示していました。つまり新しい収益源が誕生したのです。

そして、アメーバは世界でも類を見ないブログを発展させた巨大なメディア事業へと成長を遂げていきました。

18

「社長、いよいよですよ」

「やればできるもんですね……」

迎えた2009年9月、アメーバ事業部はついに損益分岐点を超えて黒字化しました。

かつてのように、無理に黒字化させたわけではなく、実に自然と損益分岐点を超えていきました。

自然と表現したのは、何か人の手を加えたような感覚ではなく、第三者的にグラフを眺めていたら、数字が勝手に損益分岐点をクロスしていくタイミングを迎えたという感じだったからです。

黒字化した時、私の胸に去来した想いはただ安堵感だけでした。

何か達成感のようなものが湧き上がるのだろうか、とも思っていましたが、特別な感情はなく、その時にはもう次の目標のことが頭の中の大半を占めていました。

でも、ずっと一貫性をもって言い続けた公約を果たしたことで、私たちを取り巻く空気は変わっていきました。

その頃のアナリストレポートにはサイバーエージェントの買いを推奨する言葉が並んでいました。

〈２００９／11／13
アメーバ関連事業が待望の四半期営業黒字転換を達成
黒字化は通過点、過去の累積赤字は２年で取り返す〉

〈２００９／11／６

〈アメーバピグはモバイル強化で利用者拡大の第2段階へ〉
〈2009/11/6
アメーバピグによって同社は利益成長ペースを更に高められよう〉
〈2009/11/6
今期からブログ関連事業が主力事業に〉
〈2009/11/19
アメーバ事業が黒字転換し収穫時期が到来した
20-30代の女性比率が高いユニークなメディアとして存在価値が高い〉

実際、その後のアメーバ事業部の売上は、翌年には月10億円、その翌年は月20億円と、倍々ゲームで伸びていきました。

サイバーエージェント全体の営業利益率は、目指していた10%を超えて15%程度に達し、さらに伸びていきそうな勢いです。アメーバ事業部だけで言えば、30%を超えていました。

サイバーエージェントは、かつてずっと願ってきたように、〝収穫逓増型ビジネスモデル〟の会社としての収益力を身に付けたのです。

19

2010年9月期の決算では、アメーバ部門は通期での黒字化も果たしました。

アメーバは黒字化するや否や、いきなり22億円の営業利益を叩き出していました。

そして決算説明会の日。

会場に到着し、目に飛び込んできた光景を見て驚きました。

人が溢れかえっていたのです。

そこに出席している全ての人がアメーバの今後の見通しや成長性について話を聞きたがっているようでした。

次々に投資家やアナリストから出されたのは、かつては誰にも全く相手にされなかったアメーバの事業に対する質問一色でした。

アメーバの将来性や収益性を疑問視する人はもういませんでした。

本当の意味で黒字化するまで、立ち上げから6年もかかってしまいました。

その間の累積の赤字額は60億円に上ります。

決算説明会の場では、その累積赤字を全部返すのにあと1年もかからないだろうという見通しを説明しました。

しかし、結局は自分の経営者としての未熟さゆえに、メディア事業の立ち上げに必要以上に時間をかけてしまう結果になったのです。

（いろんな下手をうって時間がかかってしまった。次はもっと上手くできるだろう）

私はそのことを素直に詫びました。

第8章　熱狂の後

1

通期の黒字化を達成した後もアメーバは順調に規模を拡大していきました。

ページビュー数は2009年には月間100億を超えていました。

その年の社員総会では、社員が私にサプライズを仕掛けてくれて、巨大な墨書で100億ページビュー達成を派手にお祝いしてくれました。

そして、その翌年2010年には200億ページビューを超え、2011年には300億ページビューを超えていきました。

30億ページビューを目指してがむしゃらだった頃に比べれば、夢のような成長を遂げたのです。

収益面でも、2011年には68億円の営業利益を出して、名実ともにアメーバはサイバーエージェントの稼ぎ頭に成長しました。

サイバーエージェント全体の業績では、売上高1200億円、営業利益は140億円に達しました。

ずっと待ち望み、切望してきた「メディア事業」の会社になることに成功したのです。

1998年に会社を創業し、2000年に上場を果たし、2004年から黒字化しました。

しかし、私にとっては2010年の決算で、ようやく思い描いていた会社の原型ができたことを実感しました。

それは、足掛け12年の悲願の達成でした。

2

黒字化を果たした後も、私は相変わらずアメーバのプロデューサー業にのめり込んでいます。

むしろあの頃よりもさらに深くのめり込んでいると言ったほうが適切だと思います。

現場の開発メンバーと新しいサービスを開発したり、運用して伸ばしたりする仕事に夢中になりすぎてしまい、時折経営者であることを忘れ、社長業が疎かになっていると反省するほどです。

また2010年からは技術担当役員を私が自分で兼務して、技術力の強化に取り組んできました。

数々のヒットサービスを生み出したアメーバの技術陣は、サイバーエージェントを技術力を誇れる会社に企業文化ごと変えてくれたと思います。

アメーバでは相変わらず専制君主的なスタイルで仕事をしていますが、良いものを作れるプロデューサーや技術者が数多く育ってきて、安心して任せられるようにもなってきました。

その一方で、長年培ってきたサイバーエージェントのグループ経営のスタイルも健在です。

2010年に副社長の日高が立ち上げた、ソーシャルゲーム事業は、子会社群を束ねて超高収益を生み出す新規事業になりました。

かつてのサイバーエージェントを知る人なら、サイバーエージェントがゲームのようなコンテンツ事業でヒットを生み出す会社になるとは到底想像し切れなかったと思います。

広告代理事業も、一時はメディア事業に人材を大幅に異動させた時期もありましたが、それでも元気よく数字を伸ばしています。現在は岡本保朗（現・常務取締役）を中心に、攻めに転じて再び広告代理事業を強化しています。

中で働く社員たちも、度重なる社内の体制変更やメディア事業を強化するという方針にめげることなく、相変わらず元気で、前向きに頑張ってくれています。

無我夢中で走り抜けた後に振り返ってみれば、やはり全てが良い方向へと向かっていました。

それは、起業家が信念を貫くことの大切さを示していると思います。

広告代理店からメディア企業へと企業文化を変えるのは想像を絶する難しさでした。

営業中心の会社が、技術に強い会社に変貌を遂げることも容易ではありませんでした。

それでも変わることができた理由は、サイバーエージェントの企業文化の土台をしっかり作ったことにあると思います。

長く働く人を奨励し、事業と社員を育成してきました。

また、どんな時も新しい事業を仕掛け続ける仕組みとベンチャー魂を大切にする風土を作りました。

「会社を良くするためであれば」と、メディア事業に関わる社員も、広告代理事業に関わる社員も、誰もが率先して会社の変革に協力し、努力してくれました。

「悪い時期こそ真価を発揮する組織を作ってきた」

私はリーマンショックで景気が急速に悪化した時、そう言ったことがあります。

愛社精神が強くて、良い時も悪い時も粘り強く仕事に取り組む社員がいる会社になったことが、実際、危機的状況を乗り越えられた何よりの要因だったと思います。

3

2007年に更迭したアメーバ事業部の幹部3人は、それぞれ現在もサイバーエージェントグループで活躍中です。

渡辺健太郎は、彼自身が立ち上げたグループ会社マイクロアドの社長として活躍しています。マイクロアドは業界内でも注目されている有力企業に育ってくれました。

知らない間にこんなに利益を上げる優良企業を渡辺が創ってくれたことは、私も、さすがと認めるしかありません。

佐々木誠は、広告代理部門に戻って営業統括として手腕を奮い、その後、単身インドに渡って、現在はマイクロアドのインド代表として、当社グループにとっての未開の地の開拓に挑戦してくれています。

森田仁は、CyberCasting&PR というPR事業を展開するグループ会社をゼロから自分で立ち上げ、社長を務めています。CyberCasting&PR もまた安定的に利益を出す優良企業です。

結果的に、「何がアメーバの転換点になったのか？」と尋ねられれば、幹部3人を更迭したことでした。

しかし、3人は3人とも優秀でした。ではいったい何が問題だったのでしょうか。

本当の理由は、幻冬舎の見城社長から聞いた言葉で気づかされました。

「全ての創造はたった一人の『熱狂』から始まる」

「新しいことを生み出すのは、一人の孤独な『熱狂』である」

あの時点で、アメーバが今日のような姿になることを信じていたのは世界で私ただ一人でした。

誰も相手にしない、たった一人の孤独な熱狂でした。

しかし、私が熱狂していなければ、アメーバはこの世に存在していなかったと思います。世界的にも成長が止まっていたブログサービスが発展して大きな事業になることもなかったし、アメーバピグが生まれることもありませんでした。

不可能を可能にするのが起業家です。

皆の反対を押し切っても、逆風に晒されても、窮地に追い込まれても、それでも自分が本気で熱狂しているものなら不屈の精神で乗り越えなければならないのです。

熱狂は、それを成し遂げるためであれば、さまざまな困難、孤独や憂鬱や怒りを乗り越える力を内包したものだと私は思います。

もし、あれだけの努力をしてそれでもアメーバがダメだったら、それは望み絶たれる絶望でした。それくらいの努力をしたという自負があります。

それならば清々しい気持ちで潔く、社長を退任できていたと思います。

「絶望しきって死ぬために、今を熱狂して生きろ」

私は見城さんが贈ってくれたこの言葉を、いつも胸に刻んでいます。

4

さて、私は言うまでもなく、現役の経営者でありサイバーエージェントの社長です。

現在、この原稿を書いているのは、『アメーバスマホ』の立ち上げのために、一か月で30億円もの広告費用を投下した大勝負の真っ最中です。

スマートフォンの登場によって、メディア事業を展開する我々にとってはまた一つ桁の違う飛躍を果たすチャンスが到来しました。

本書を読んできてお分かりの通り、これだけ下手を打って、これだけ遠回りしてアメーバを立ち上げました。それと同じ失敗を二度と繰り返さないように、スマホに対する私の動きは敏速でした。

特にこの1年半の間は、私自身も東大を受験するかのように会社に籠ってひたすらスマホの新サービスのプロデュース業に勤しんできました。

アメーバ事業部内では、PCや従来のモバイルのサービスの開発をほとんど止めてしまい、皆が総動員でスマホの新サービスの開発に取り組んできました。

この間、スマホのサービスを開発する技術者を中心に、約1300名もの従業員を新たに増やしました。

88の内製の開発ラインを抱え、国内では圧倒的な規模になりました。

現在は、そのお披露目をするかのように挨拶代わりの大規模なプロモーションを仕掛けているのです。

「スマホで遊ぶならアメーバ」

スマホの登場によって、ブログ、アメーバピグのイメージがあるアメーバを、一気に「コミュニティ&ゲームアメーバ」に変えていこうと目論んでいます。

今回のスマホの大勝負の行方がどうなるか、現在はまだ分かりません。
でも私は今、かつての自分以上に『熱狂』しています。

今でも変わらず、私は起業家なのです。

[業績推移]

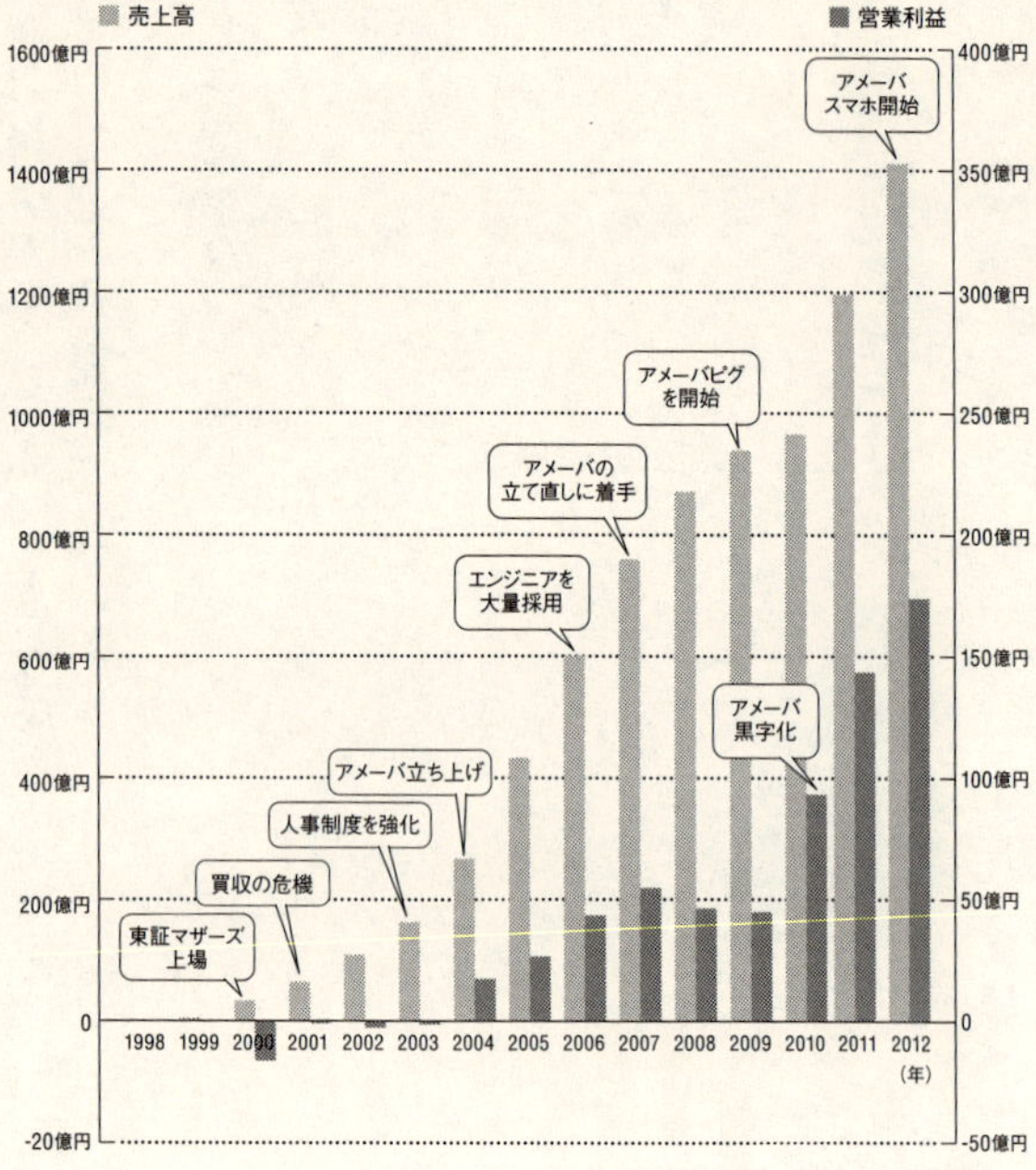

売上高
営業利益
1600億円
1400億円
1200億円
1000億円
800億円
600億円
400億円
200億円
0
-20億円
400億円
350億円
300億円
250億円
200億円
150億円
100億円
50億円
0
-50億円
1998
1999
2000
2001
2002
2003
2004
2005
2006
2007
2008
2009
2010
2011
2012
(年)
東証マザーズ上場
買収の危機
人事制度を強化
アメーバ立ち上げ
エンジニアを大量採用
アメーバの立て直しに着手
アメーバピグを開始
アメーバ黒字化
アメーバスマホ開始

[社員数・エンジニア比率推移]

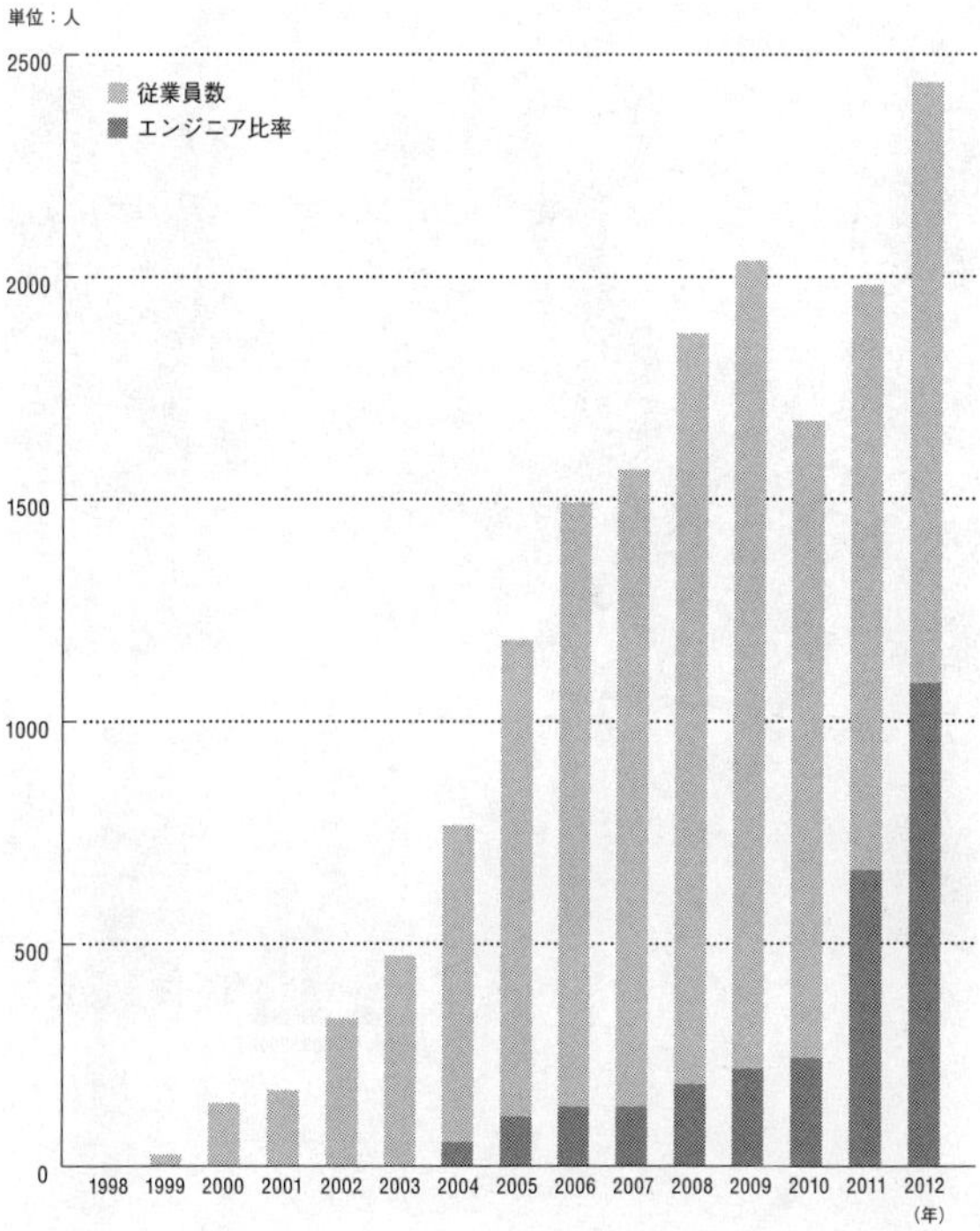

アメーバのプロデューサー会議、著者近影

	サイバーエージェントの出来事	世の中の出来事
1998年	株式会社サイバーエージェント設立 オン・ザ・エッヂと共同事業開始	
1999年		インターネットバブル到来
2000年	東証マザーズに上場	インターネットバブル崩壊
2001年	サイバーエージェント買収危機の到来	
2002年		ブロードバンドの普及が進む テレビ番組「千枚CD」放送開始
2003年	初の役員合宿を開催、企業文化の土台作りに着手	
2004年	アメーバのサービスを開始 連結決算が通期で黒字化 CAJJ制度の導入、maxims制作、ジギョつく開始	ライブドアがプロ野球参入を表明
2005年		「ブログ」が流行語に ライブドアがニッポン放送の株式を取得
2006年	ミッションステートメント制定 50名の技術者を採用	ライブドア事件
2007年	アメーバの統括を更迭し、立て直しに着手、 2年で黒字化を宣言 アメーバ事業部にプロデューサー組織を設置	貸金業規制法の施行
2008年	サイバーエージェント設立10周年 アメーバが月間30億ページビューを突破	
2009年	アメーバが月間100億ページビューを突破 アメーバピグを開始	
2010年	アメーバが通期黒字化 ソーシャルゲーム事業を開始 技術力強化	
2011年	スマートフォン事業を強化	
2012年	アメーバスマホを開始	

この作品は二〇一三年四月小社より刊行されたものです。
本文中の肩書き、名称などは二〇一三年四月当時のままです。